CARO LEITOR,

Queremos saber sua opinião sobre nossos livros.
Após a leitura, curta-nos no facebook.com/editoragentebr,
siga-nos no Twitter @EditoraGente e
no Instagram @editoragente
e visite-nos no site www.editoragente.com.br.
Cadastre-se e contribua com sugestões, críticas ou elogios.

Diretora
Rosely Boschini

Editora
Franciane Batagin Ribeiro

Assistentes Editoriais
Rafaella Carrilho e Alanne Maria

Produção Gráfica
Fábio Esteves

Preparação
Andréa Bruno

Capa
Mariana Ferreira

Projeto gráfico e Diagramação
Vanessa Lima

Revisão
Renato Ritto e
Juliana Rodrigues | Algo Novo Editorial

Impressão
Edições Loyola

Copyright © 2021 by Gisele Miranda
Todos os direitos desta edição
são reservados à Editora Gente.
Rua Original, 141/143 – Sumarezinho
São Paulo, SP – CEP 05435-050
Telefone: (11) 3670-2500
Site: www.editoragente.com.br
E-mail: gente@editoragente.com.br

Dados Internacionais de Catalogação na Publicação (CIP)
Angélica Ilacqua CRB-8/7057

Miranda, Gisele
    A coragem de se apaixonar por você: descomplique a rotina e liberte-se do
peso da perfeição para uma vida com mais leveza / Gisele Miranda. – São Paulo:
Gente Autoridade, 2021.
    192 p.

    ISBN 978-658-8523-19-3

    1. Desenvolvimento pessoal 2. Miranda, Gisele
    – Biografia I. Título

21-2026   CDD   158.1

Índice para catálogo sistemático:
1. Desenvolvimento pessoal

NOTA DA PUBLISHER

Como CEO da Editora Gente, tenho a sorte de conviver com mulheres incríveis. Excelentes em tudo que se propõem, vejo-as apresentarem exímios resultados. Conseguem, mesmo divididas em jornadas triplas de trabalho, sugerir aquilo que é inesperado e disruptivo. São executivas, diretoras, gerentes e assistentes extraordinárias, indispensáveis em todos os espaços que ocupam.

Gisele Miranda não é diferente. Líder de sucesso, é apaixonada por Recursos Humanos e, com maestria, aplica teorias e técnicas que transformam a vida dessas mulheres multitarefas. Objetiva e empoderada, usa todo o seu conhecimento em comportamento e programação neurolinguística para ensinar algo poderoso: o mundo muda quando reconhecemos nossas imperfeições. Otimista inveterada, nossa autora normaliza erros, acertos e recomeços para reprogramar a vida, tornando-a mais leve.

Com uma escrita arrebatadora e intimista, Gisele guia-nos para o caminho do autoconhecimento, mostrando o valor de uma vida equilibrada. Aqui, você encontrará uma narrativa prazerosa e acolhedora. Conversará com uma amiga que a ajudará a reconhecer seus erros e acertos. Gisele fala sobre o poder de olhar para dentro, de se escutar. Leia e verá: uma mulher realizada é aquela que conhece sua própria essência.

Boa leitura!

ROSELY BOSCHINI – *CEO e Publisher da Editora Gente*

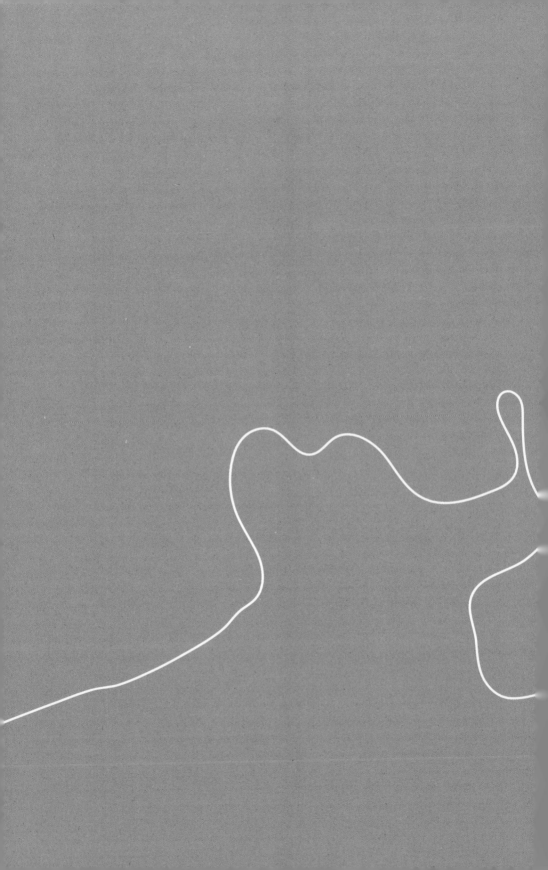

PARA MEUS PAIS,
QUE ME ENSINARAM
OS MAIS BELOS
VALORES DA VIDA.

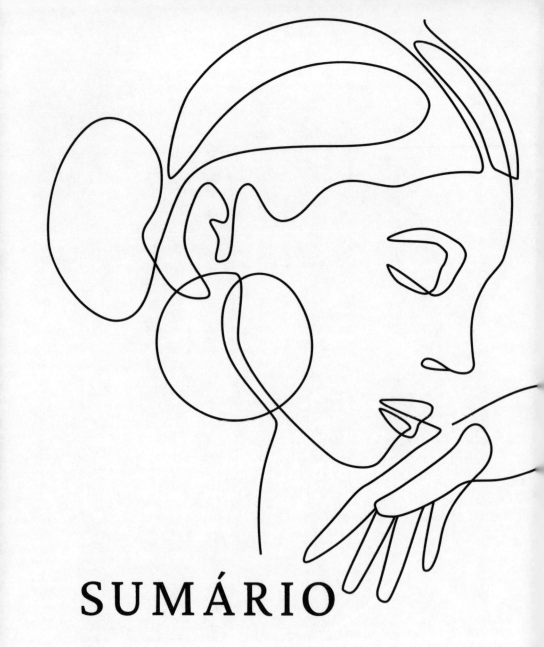

SUMÁRIO

10 INTRODUÇÃO

26 CAPÍTULO 1: *A líder de torcida e a juíza*

46 CAPÍTULO 2: *O mito da supermulher*

64 CAPÍTULO 3: *Profissão mulher*

84 CAPÍTULO 4: *Sua vida, suas regras!*

102 CAPÍTULO 5: *Descomplica! Assuma o controle da sua vida*

120 CAPÍTULO 6: *Se liga! Sua vida muda quando você muda*

136 CAPÍTULO 7: *Realiza! Se a palavra tem poder,*
imagine a atitude!

154 CAPÍTULO 8: *Conduza a sua vida para a felicidade*

172 CAPÍTULO 9: *Deixe a sua marca no mundo*

184 CONCLUSÃO

INTRODUÇÃO

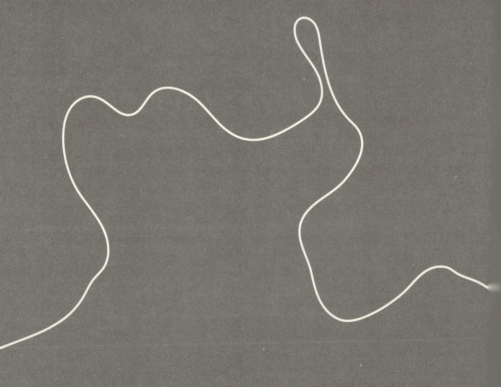

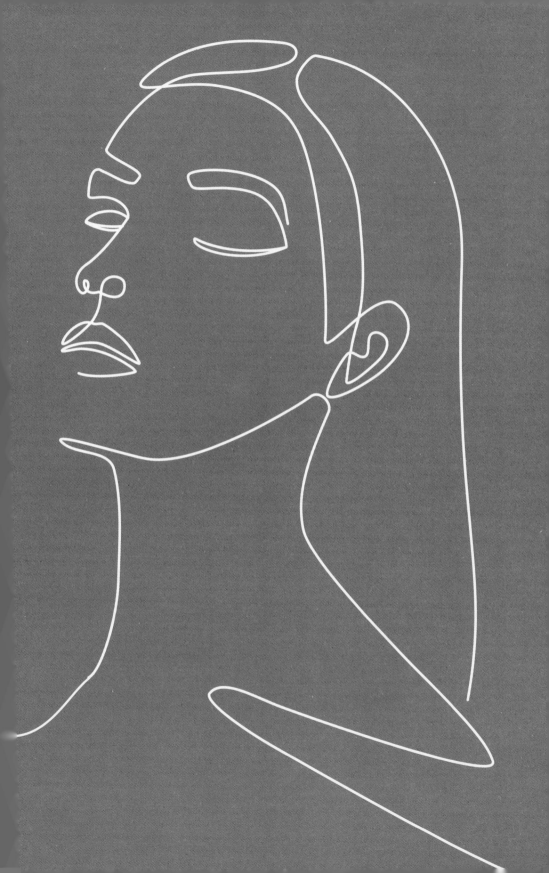

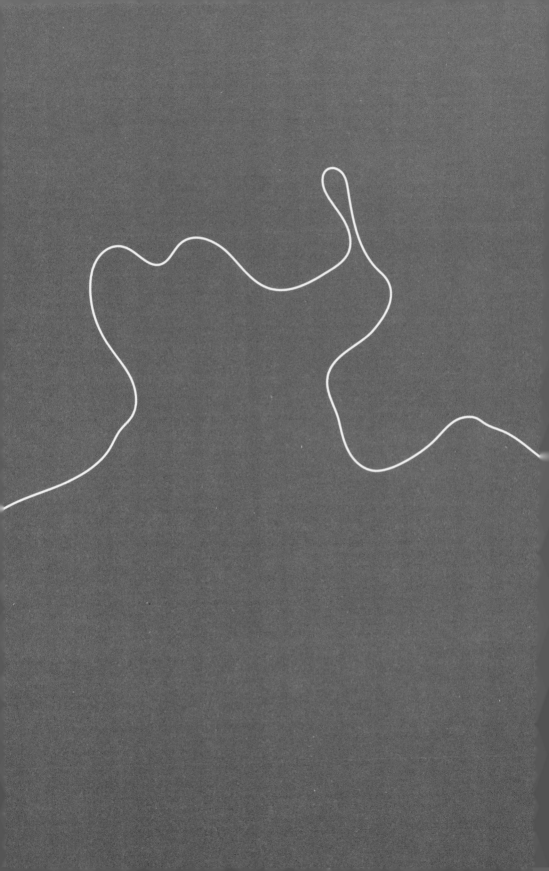

A PASSAGEM PELO DESERTO

Os sinais estavam todos lá, mas eu não conseguia vê-los. As coisas só ficaram claras para mim perto dos 30 anos, quando um divórcio e uma crise de estresse me obrigaram a mudar tudo, a repensar minha vida.

Talvez devesse ter prestado mais atenção nas palavras da minha mãe, Enildes, especialmente quando me dizia: "Fique tranquila, filha, vai dar tudo certo". Ou quando preparava minha sobremesa predileta nos almoços de domingo, ocasiões em que eu costumava acampar na casa dela com meus três filhos, quando eles ainda eram pequenos. Segundo minha mãe, era para que eu nunca me esquecesse "do lado doce da vida".

Hoje percebo que foi com ela que aprendi a gostar de apoiar outras mulheres e a ter a consciência de que tudo melhora quando conseguimos fazer as coisas do nosso jeito, no nosso tempo, sem tanta pressão e

A coragem de se apaixonar por você

sofrimento. A alegria, afinal de contas, é uma escolha diária, um presente que podemos abrir a cada minuto, encontrado nos gestos e nas atitudes mais simples. Ou, como bem escreveu o mestre mineiro Guimarães Rosa (1908–1967), "felicidade se acha é em horinhas de descuido".[1]

Por que carregamos por gerações tantas crenças limitantes? Por que ainda nos cobramos tanto e temos dificuldade de dividir a bola com nossos companheiros? É tão difícil assim pedir ajuda? Será? Precisamos mesmo ser as mais incríveis em tudo, o tempo todo?

Não, não precisamos. Vou lhe contar a minha história para que entenda como cheguei até aqui, o que me levou às reflexões que faço atualmente e como posso ajudá-la. Tudo o que eu quero, da primeira à última página deste livro, é encurtar o caminho para você. Ajudar a sua jornada a ser mais leve e mais divertida do que a minha foi.

Tenho certeza de que será. Se você escolheu fazer esta leitura, é porque quer que tudo corra bem e, de preferência, sem tantos pesos para carregar.

BRUNO, GABRIEL E LEONARDO

Tinha 15 anos quando engravidei do Bruno, meu primeiro filho. Eu já trabalhava na ocasião como auxiliar administrativa no setor de

---

1   ROSA, G. **Tutameia**. Rio de Janeiro: Nova Fronteira, 2007.

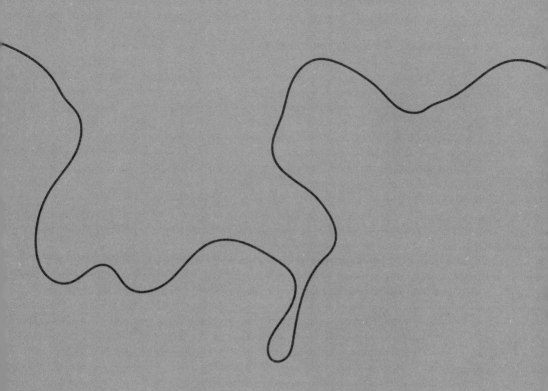

*Precisamos mesmo
ser as mais incríveis
em tudo,
o tempo todo?*

A coragem de se apaixonar por você

Recursos Humanos de uma rede de lojas de departamentos. Aos 16, já casada, conciliava a maternidade com as tarefas de casa e o trabalho. Falo para o meu primogênito, agora um homem de 24 anos, que aprendemos tudo juntos.

Três anos depois, veio o Gabriel. Um bebê planejado, já que queríamos que Bruno tivesse um irmão ou uma irmã. Mais três anos se passaram e o trio se completou com Leonardo, um presente que a vida me deu em uma fase em que eu pensava em mudar de área e estudar Enfermagem.

A chegada do meu caçula fez com que eu repensasse minha carreira profissional e o trabalho que exercia com varejo, mais especificamente com RH. Eu me encanto com a possibilidade de desenvolvimento das pessoas. É bonito ver como todos temos força, sensibilidade, capacidade e coragem para ir além, para construir novas e melhores histórias a cada dia.

Investi na área, tornei-me executiva de RH e *coach*, focando-me principalmente em mães que trabalham fora e vivem os mesmos desafios que eu. Tenho uma carreira de vinte e cinco anos voltada a apoiar, orientar, direcionar, criar e inspirar pessoas a atingir seus objetivos e suas metas.

Acredito verdadeiramente no florescimento humano e ofereço o meu melhor, todos os conhecimentos e todas as técnicas que aprendi e aprendo até hoje, para contribuir com a realização pessoal e profissional de

Introdução

quem me procura. Meu objetivo é que mais e mais mulheres vivam com alegria e abundância, reconhecendo-se como protagonistas da própria jornada e do próprio sucesso.

Sou uma otimista inveterada não somente porque aprendi com a minha mãe a ser assim, mas, sobretudo, porque a minha trajetória me ensinou muita coisa, transformou-me em uma mulher mais forte, realizada e feliz na minha imperfeição. E que alívio sentimos quando aceitamos que não somos perfeitas!

QUANDO ESCOLHI SER EU MESMA

Aos 29 anos, decidi me divorciar. Já não havia amor, parceria e respeito naquele relacionamento. Foi um recomeço e tanto, uma guinada necessária e que me fez muito bem. Foi quando me descobri como mulher e me empoderei. Passei a não ter mais receio de dizer, por exemplo, quanto ganhava, quanto avançava, ano após ano, no trabalho. Afinal, por que deveríamos ter medo de dizer que estamos evoluindo?

Descobri o prazer das coisas mais simples e passei a aproveitar minha própria companhia. Tomar um café sozinha em uma livraria com dez livros ao meu redor passou a ser, para mim, um momento de êxtase, de paz. Não é preciso estar na Tailândia, de férias, diante do mar azul, para se sentir feliz.

A coragem de se apaixonar por você

Continuei meu caminho até que uma crise de estresse, aos 35, me fez parar de fato. Mais uma reviravolta, mais chaves viradas. Dessa vez, a ficha que caiu foi a de que eu deveria ser eu mesma. Sim, eu precisava parar de seguir papéis e de agir segundo o que pensava ser o padrão de comportamento que os outros esperavam de mim.

Reflexões a esse respeito não paravam de surgir na minha mente. Viajei no tempo e lembrei que, aos 24 anos, escolhia roupas que me faziam parecer mais velha, pensando que assim seria mais respeitada no trabalho (já era gerente com essa idade). Quando o expediente terminava, eu seguia direto para a faculdade e, ao chegar em casa, às onze e pouco da noite, incansável, preparava tudo sozinha para o dia seguinte. Percebi que até então sempre havia buscado um ideal de ser a mãe perfeita para meus filhos. Não me permitia errar, não respirava.

Caí em mim, definitivamente. Me dei conta de que o tempo todo eu me esforçava muito para me sair bem em todas as esferas da vida. Não era para ser assim. Então decidi que, dali em diante, faria tudo do meu jeito, respeitando a minha vontade, o meu ritmo, os meus limites. O sucesso surgiria daí.

A RECEITA QUE DÁ CERTO

Aprendi que o real encontro conosco é o mais importante, é aquele que nos transforma de fato. Cada pessoa é única, e a beleza está

*Dali em diante, faria
tudo do meu jeito,
respeitando a minha
vontade, o meu ritmo,
os meus limites.*

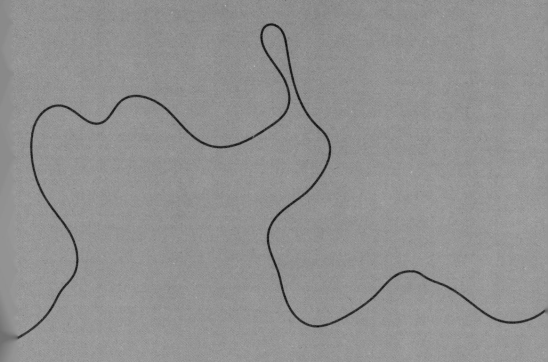

A coragem de se apaixonar por você

exatamente nisso, naquilo que individualmente podemos oferecer ao mundo.

Quisera eu ter sabido disso tudo antes! Quantas lágrimas e noites maldormidas teriam sido evitadas se eu simplesmente tivesse acreditado mais em mim e sido menos exigente e ansiosa. Também não teria sofrido tanto por não ter passado mais tempo de qualidade com meus filhos. Os três ficavam o dia todo na escola durante a semana e aproveitávamos de verdade apenas o sábado e o domingo. Eu me sentia mal, carregava um peso gigante em relação à maternidade.

Agora, vendo os três adultos, respectivamente com 24, 21 e 18 anos, sei que deu tudo certo. E que os fins de semana juntos, fazendo bagunça na casa da vovó, ficaram na memória como pilares da família, como momentos de afeto e vínculo. Independentemente de as coisas terem sido muito corridas de segunda a sexta, os três sabem – e já sabiam àquela época – o quanto são amados.

Tivemos conflitos? Sim! Você conhece alguma família que não os tem? Eu nunca conheci. A vida é movimento e estamos sempre vivenciando uma sucessão de ciclos. O importante é que passamos muito bem por todas as etapas juntos. Primeiro, veio a infância com grandes demandas e a formação da base emocional deles; em seguida, chegou a adolescência, repleta de desafios, contestações, rebeldias; e, então, seguiu-se a idade adulta com o amadurecimento desses três jovens homens tão especiais para mim, cada um a sua maneira.

Introdução

De fato, deu tudo certo. Evoluímos e nos fortalecemos porque algumas situações necessárias demandaram de nós mais energia. Como mãe e filhos, tínhamos muito o que aprender juntos. E, garanto a você, aprendemos.

Espero passar adiante ao menos parte desse aprendizado. Minha missão é ajudá-la a ser a melhor versão de si mesma, a confiar mais, a relaxar. Como a vida pode ser mais agradável? Como pode melhorar? O que você, querida leitora, pode fazer para viver com mais tranquilidade? É para facilitar essas e outras descobertas que estou aqui.

O SEU OÁSIS

Nos momentos mais desafiadores da vida, muitas vezes temos a sensação de estar em um deserto. Um lugar árido no qual nos sentimos exaustas e do qual é difícil sair. Pois saiba que é nesses momentos que crescemos. A dor nos fortalece, nos ensina e nos prepara para o novo. É preciso aprender a aceitar isso.

Já tive os meus desertos. Quando me divorciei, depois de catorze anos ao lado do pai dos meus filhos, fiquei muito fragilizada. No início, me considerava incapaz de continuar, sentia que nunca mais seria feliz. Todos os dias, chorava na ida ao trabalho e na volta. Gerenciava uma equipe e não queria me expor diante dela. Em casa, os cuidados com os meninos me chamavam.

A coragem de se apaixonar por você

Durante dois meses vivi aquilo que classifico como os sessenta dias mais longos da minha vida. Foi assim até que uma amiga me abriu os olhos, em um almoço, lembrando-me de quem eu era, da dimensão da minha força, e que eu já havia encarado e vencido diversas outras situações desafiadoras, tanto pessoais quanto profissionais. Então, naquele momento, meus olhos se descortinaram, foi o meu ponto de virada. Decidi parar de sofrer pelo passado e começar a escrever uma nova história, só que dessa vez como protagonista, ou seja, a personagem mais importante. Não iria me contentar com papéis de coadjuvante em minha própria vida. Você já pensou nisso? Que talvez esteja representando um papel secundário em sua história?

A partir daquele momento, passei a fazer o meu melhor, mas sem tanta expectativa e exigência. Escolhi as minhas prioridades (meus filhos, minha carreira, minha família) e tratei de me divertir durante a jornada. Decidi sorrir um pouco mais a cada dia. Parece simples, mas muitas vezes nos esquecemos dessas coisas.

Com essa decisão, descobri talentos que nem sabia que tinha, desenvolvi habilidades novas, aprendi a trabalhar meus pontos fracos e a lidar melhor com minhas emoções. Em resumo, cinco anos depois, eu desfrutava de uma prosperidade que jamais tinha vivido antes.

Para completar, passei a valorizar a minha maternidade, a reconhecer os meus acertos e a entender que os erros me ajudaram a evoluir.

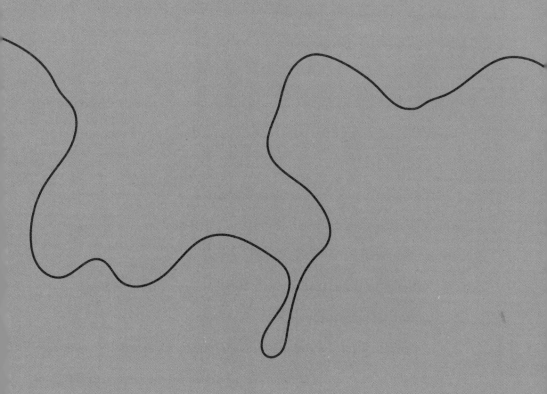

Não seja tão dura consigo mesma, não impeça que a sua melhor versão se liberte e saia por aí. Apenas deixe-a sair!

A coragem de se apaixonar por você

Me apaixonei de novo. Aquele deserto que conheci depois do divórcio, na verdade, foi o caminho para meu oásis. O deserto não precisa ser nosso destino final.

Se, de algum modo, a minha história se parece com a sua, deixo aqui, só para começarmos a refletirmos juntas, três dicas simples para que você também transforme o seu deserto em um oásis:

- **Liberte-se do passado com a consciência de que ele não vai definir o seu futuro;**
- **Relembre situações desafiadoras que você já viveu e pelas quais passou com a cabeça erguida. Tenha orgulho de si mesma! E imagine que a sua vida seja um livro. Que fim você quer ver escrito na jornada da heroína?**
- **Mergulhe no autoconhecimento, liberte-se das crenças limitantes, desenvolva uma mentalidade voltada para a abundância.**

Que os próximos capítulos sejam um excelente ponto de partida para você. Juntas, vamos refletir sobre as nossas vozes internas, o medo do futuro, a vida no limite, o fato de vivermos correndo contra o tempo, a ilusão da superexecutiva e da mãe perfeita, a busca pela liberdade, os momentos em que devemos recalcular a rota, o compromisso consigo mesma. Quer mais? Também vamos debater sobre a vida sem piloto automático, a busca pela essência, o aprender a lidar com as emoções,

Introdução

a importância da gratidão, o prazer de estar ao lado de quem se ama, o fortalecimento dia após dia.

Prometo que você será uma nova mulher ao fim da viagem. Você verá como o mundo muda quando decidimos passar por uma transformação. Este é um convite para descomplicar a vida e, assim, realizar tudo o que você sempre quis e muito mais.

E eu quero muito acompanhá-la nessa caminhada! Ao longo da leitura, entre em contato comigo nas redes sociais para me contar como está sendo a sua jornada rumo ao encontro consigo mesma. Não tenha dúvida, este livro foi escrito para ajudar você.

Uma excelente trajetória para nós!

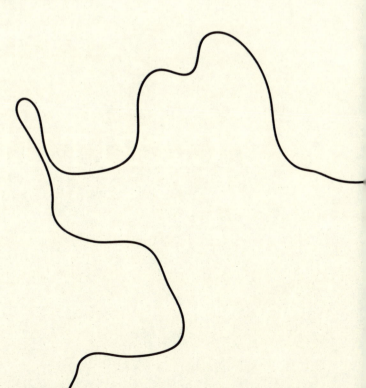

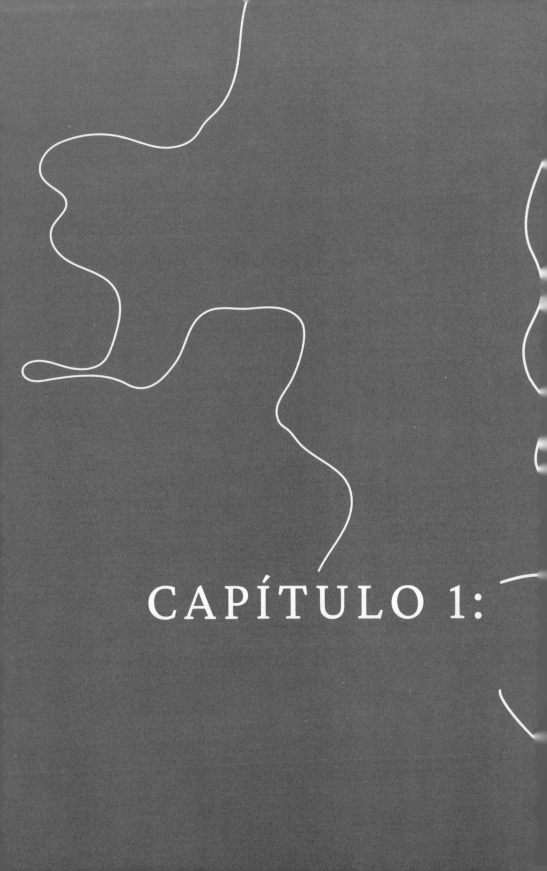
CAPÍTULO 1:

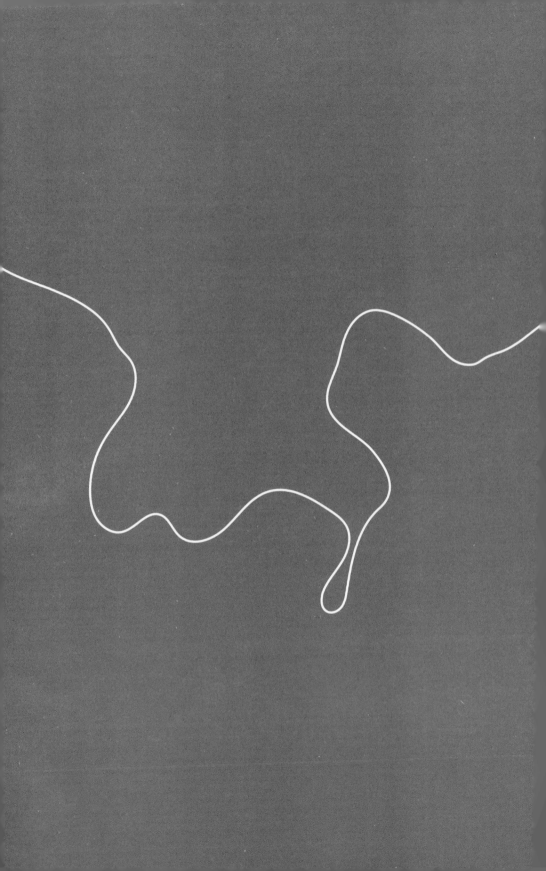

É aquele ciclo de acordar cansada, com o peito apertado, sentindo o peso do mundo nos ombros. Depois de uma caneca de café e de dois filhos de pé, alimentados e depois, você se sente pronta para começar o dia. Então abre o guarda-roupa para escolher, em cinco minutos, o figurino: qualquer coisa que seja elegante, confortável e fique bem em você, que está acima do peso (e sem motivação para incluir tópicos como reeducação alimentar e atividade física na sua lista de prioridades).

Tem início uma jornada na qual você se sente cumprindo uma sequência de tarefas que parecem não ter fim. Como uma capitã do Corpo de Bombeiros, vai apagando um incêndio após o outro: levar as crianças para a escola, chegar ao trabalho a tempo de se preparar para a apresentação de um relatório, checar se há alguma demanda urgente nos cinco grupos diferentes da empresa que você tem no WhatsApp. Tudo

A coragem de se apaixonar por você

isso antes das 8 horas da manhã. E, enquanto isso, sua rede de apoio anda de cara feia, cobrando atenção. Você já sabe que dessa semana não passa aquela conversa para alinhar os ponteiros.

O dia prossegue sem que você tenha um minuto sequer para si. A toda hora surge a lembrança de algo que se esqueceu de fazer. E você se sente frustrada; afinal, nem se recorda mais que, em algum momento, decidiu que seria a melhor mãe, esposa, filha, irmã e profissional do país. Todas as pessoas ao seu redor esperam que você resolva cada problema, que aponte sempre a melhor solução. Não há espaço para falhas. Sorrir por fora e se segurar por dentro é o lema da supermulher que você repete para si mesma todos os dias junto com o mantra: "Preciso ser forte".

Com esse turbilhão na cabeça, a tensão aumenta quando você recebe uma mensagem, no aplicativo da escola, avisando que o seu caçula não entregou um trabalho que valia nota. Na sua mente, um único pensamento: "Como assim pude esquecer de incluir isso na lista de pendências a serem resolvidas ontem?".

Não dá mais para segurar: mesmo sem querer estragar o rímel, você chora a caminho do restaurante, na hora do almoço, enquanto torce para não encontrar nenhum conhecido do escritório na fila do bufê. A sensação é a de ter falhado e de não estar sendo 110% em tudo, como se alguém, no mundo, fosse capaz de ser assim o tempo todo, vinte e quatro horas por dia, sete dias por semana.

A líder de torcida e a juíza

Quarenta minutos depois, retoca o que ficou borrado e volta para a mesa de trabalho: a supermulher está pronta para mais uma missão. Você segue sendo gentil e disponível para todos, uma companhia agradável. Seus colegas ficam ansiosos para compartilhar as histórias deles. De ouvidos abertos, você os acolhe, apoia, incentiva.

Tudo segue bem no segundo turno da sua saga até que seu chefe a convoca para um feedback. Ele começa a falar escolhendo as palavras com cuidado, mas você se sente ferida ao ouvir que aquele projeto ficou abaixo das expectativas e que ele esperava um resultado melhor de uma profissional como você. Para arrematar, ele diz compreender que você tenha muitas tarefas além do trabalho, uma vez que é mãe de duas crianças, mas que você precisa separar o profissional do pessoal, ficar atenta ao fato de que seu rendimento vem caindo. E emenda com o golpe derradeiro: "Uma febrezinha qualquer dos seus meninos não deve ser motivo para tanto estresse".

Ainda mais tensa, você se dá conta de que falhou outra vez. Carrega mais peso nos ombros enquanto caminha em direção à máquina de café. Antes de conseguir levar a xícara à boca, sua melhor amiga na empresa se aproxima chorando e pedindo para desabafar. Você enfia a insegurança goela abaixo e abre os braços para ela, claro. Só começa a conferir a hora trinta minutos depois, a fim de não se atrasar para buscar os pequenos na escola. Na semana anterior, os

A coragem de se apaixonar por você

dois foram os últimos a ir embora na segunda, na quarta e na sexta porque você se atrasou.

A LIÇÃO DE CASA E O JANTAR

Corta a cena para a sala da sua casa. As crianças precisam fazer a lição de casa antes do jantar. Mas ninguém, além de você, dá conta do recado, falta paciência para ensinar (sim, você sabe que isso precisa mudar). Entre um arroz queimado aqui e a interpretação de um texto ali, você, mais uma vez, resolve tudo. Ao menos é o que indicam as notas dos seus herdeiros.

Pronto, agora é só colocar a dupla para dormir. Você mal pode esperar pela hora de ter, nem que sejam quarenta minutos, um momento seu para ver um episódio de uma série, adiantar a leitura daquele ótimo livro que anda tão devagar ou, quem sabe, abrir um vinho.

Com as crianças na cama, você corre para o banho e começa a relaxar, agradecendo ao universo pela paz do som do chuveiro quando a calmaria é interrompida por uma frase muito familiar: "Mãe, cadê você?".

O filho que não está conseguindo dormir parece ter traduzido seu sentimento: nem você mesma sabe onde está. Assim como também não tem ideia do que fazer diante de tanta pressão, diante de tanta autossabotagem.

Nem você mesma sabe onde está. Assim como também não tem ideia do que fazer diante de tanta pressão, diante de tanta autossabotagem.

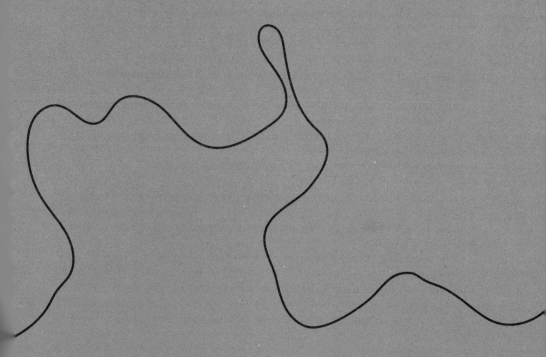

A coragem de se apaixonar por você

O LADO B

Seja bem-vinda ao outro lado. Aquele lugar sobre o qual pouco se fala e onde, de acordo com o dito popular, as mães padecem. Desde a gravidez, somos bombardeadas pelo ideal da felicidade plena a partir do momento em que embalamos um filho pela primeira vez.

Nas propagandas de fraldas e cosméticos para recém-nascidos, os bebês estão sempre serenos e as mães estão lindas, penteadas, vestidas com camisolas brancas e limpas. Olheiras? Nem pensar, claro. O mundo da maternidade ideal é vendido como perfeito. E o problema é que todas acreditamos nesse conto de fadas.

Perceba: ter filhos, para mim, foi uma experiência maravilhosa, forte e linda. Não me imagino sem os meus três garotos, hoje três homens. Mas precisamos falar do lado B dessa história: ser mãe dá bastante trabalho e exige muito de nós. Devemos ter essa consciência. Não é justo que essas informações sejam omitidas. Quer ver só? Acompanhe comigo a saga da minha amiga Ana, uma mulher a quem admiro muito. É um bom retrato da rotina de uma trabalhadora e mãe de duas crianças.

Divorciada e mãe de Pedro, 7, e Felipe, 4, Ana acorda às 5 horas. É dada a largada: ela se levanta, prepara o café, acorda os pequenos, serve-lhes a refeição, arruma as lancheiras, veste-os, coloca-os no transporte escolar. Em seguida, toma banho, se troca, corre para pegar o ônibus e o metrô. Passa a maquiagem no trajeto, já que tem muita habilidade com

A líder de torcida e a juíza

as mãos. Perto da empresa, toma um café rápido em uma lanchonete e se apressa para bater o ponto.

Na hora do almoço, vai ao banco e passa no supermercado para comprar sabão em pó. Retorna para o escritório, entrega dois relatórios, bate o ponto de novo e faz o caminho de volta para casa. Nessa hora, Pedro e Felipe estão na casa de uma conhecida, onde são deixados pelo transporte escolar. Ana busca os filhos e, com os dois a tiracolo, abre a porta, lhes dá banho, acompanha a lição de casa, prepara o jantar, põe a mesa, arruma a cozinha, coloca a roupa suja na máquina, leva as crianças para dormir. Hora de descansar? Quase. Ainda é preciso arrumar as mochilas e separar as roupas de todos para a manhã seguinte. Aí, sim, será possível tomar banho e ver se vai dar tempo de fazer alguma coisa apenas para si antes de cair na cama.

Dá cansaço só de ler, não é? Ana se esforça muito, faz o seu melhor. Só não se deu conta de que está vivendo do mesmo jeito todos os dias, carregando tantos pesos. Vamos refletir um pouco sobre isso.

PILOTO AUTOMÁTICO ATIVADO

Embora o dia de Ana pareça ser muito produtivo, ela não se permite fazer novas escolhas, viver seus sonhos, divertir-se, mudar um pouco a rota, pedir ajuda para poder respirar um pouco entre uma tarefa e

A coragem de se apaixonar por você

outra. Na verdade, está tão comprometida com as próprias responsabilidades e obrigações que não percebe estar sempre com o piloto automático ativado.

Ana não aceita cometer erros, vive mergulhada na culpa, cobrando-se o tempo todo. Pensa que não lhe foi dado o direito de se sentir cansada e está certa de que o seu destino já está traçado. O modelo de guarda compartilhada não foi aceito pelo pai dos meninos, um homem "muito ocupado" e que só fica com os dois a cada quinze dias, como estabeleceu o juiz.

Assim, para Ana, não existe outro modo de viver e, por isso, passa o dia exigindo mais de si mesma, dando ouvido às vozes internas – isto é, suas crenças, aquilo que está enraizado nela, em sua programação mental; algo que aprendeu ao longo do tempo na família, na escola, na sociedade.

Apesar de ser exigido das mulheres que elas "deem conta de tudo", grande parte dessa cobrança é interna. Somos muito severas conosco. Se acolhemos a todos, não nos permitimos errar, e acabamos abrindo a porta para que a culpa entre em nossa casa, sente-se confortavelmente no sofá e tome um café fresquinho. É praticamente a melhor amiga de muitas de nós.

Quando ouvimos uma mulher falar que "precisa de tempo para pensar", na maioria das vezes, ela quer dizer que precisa de tempo para se cobrar e se punir, para repassar os próprios erros.

A líder de torcida e a juíza

A expressão "carga mental",[2] que veio à tona quando a cartunista francesa Emma desenhou o dilema de mães trabalhadoras em um de seus quadrinhos,[3] define bem o impacto desse acúmulo de responsabilidades. Mesmo nos lares em que as tarefas são divididas entre o casal, cabe a nós planejar tudo. Isso inclui fazer a lista de compras, descongelar a carne para o almoço do dia seguinte, comprar tênis novos para os filhos. Não à toa, segundo informações da Organização Mundial da Saúde (OMS),[4] a depressão é duas vezes mais comum entre as mulheres.

37

AS DUAS VOZES

É como se, dentro da nossa cabeça, existissem duas vozes: a sábia, uma espécie de líder de torcida que só quer o próprio desenvolvimento e a própria felicidade, e a juíza, sempre pronta para condenar e jogar sua autoestima lá para baixo.

Nessa batalha entre as duas vozes, a juíza costuma se sair melhor ao repetir "Você nunca vai dar certo desse jeito, nunca vai crescer no seu

---

2   BRUNELLI, C. Cansadas e irritadas: apesar da divisão de tarefas em casa, as mulheres é que planejam tudo. E a carga mental pesa. **UOL VivaBem** [s.d,]. Disponível em: https://www.uol.com.br/vivabem/reportagens-especiais/carga-mental/#cover/. Acesso em: 16 dez. 2020.

3   QUADRINHO explica por que as mulheres se sentem tão cansadas. **Hypeness**, 29 maio 2017. Disponível em: https://www.hypeness.com.br/2017/05/quadrinho-explica-porque-as-mulheres-se-sentem-tao-cansadas/. Acesso em: 5 maio 2021.

4   ESTUDO explica por que depressão é mais comum nas mulheres. **UOL VivaBem**, 25 maio 2019. Disponível em: https://www.uol.com.br/vivabem/noticias/redacao/2019/05/25/estudo-explica-por-que-depressao-e-mais-comum-em-homens-do-que-mulheres.htm. Acesso em: 16 dez. 2020.

A coragem de se apaixonar por você

trabalho, seus sonhos são impossíveis de serem realizados". Perceba que estamos falando de um tribunal que funciona vinte e quatro horas, no qual as condenações superam em muito as absolvições. Como se fosse possível aplicar à ré a sentença da infelicidade perpétua.

E você, qual das duas vozes internas prefere ouvir? A quem costuma prestar mais atenção: à líder de torcida ou à juíza? Pare e pense um pouco nisso a partir de agora, olhe para dentro de si.

A autoconsciência nem sempre é um caminho simples e leve. Saiba que essa trajetória vai doer. Por outro lado, há uma ótima notícia: rompidas as barreiras, a recompensa é a libertação. A sua vida nunca mais será a mesma. Lembre-se: a felicidade está, acima de tudo, nos relacionamentos.[5] Assim, não deve haver relação mais importante do que aquela que você estabelece consigo mesma.

Em *Ame a realidade: quatro perguntas que podem mudar sua vida*,[6] Byron Katie apresenta reflexões interessantes nesse campo. A autora venceu a depressão ao criar um método para lidar com os desafios que chamou de "O Trabalho". Trata-se de um processo de desconstrução das visões que temos sobre os nossos problemas.

---

5 MARTINS, A. O que realmente nos faz felizes? As lições de uma pesquisa de Harvard que há quase oito décadas tenta responder a essa pergunta. **BBC News Brasil**, 23 nov. 2016. Disponível em: https://www.bbc.com/portuguese/curiosidades-38075589. Acesso em: 16 dez. 2020.

6 KATIE, B. **Ame a realidade**: quatro perguntas que podem mudar sua vida. Rio de Janeiro: Best-Seller, 2017.

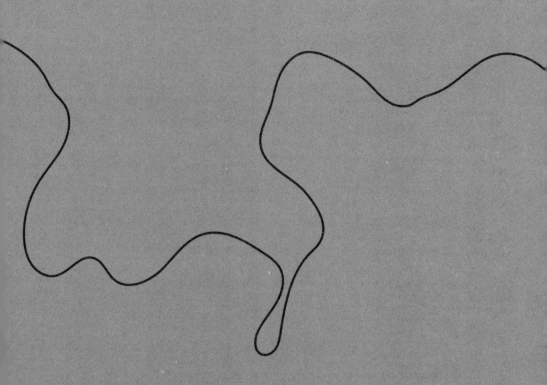

Por outro lado, há uma ótima notícia: rompidas as barreiras, a recompensa é a libertação.

A coragem de se apaixonar por você

O objetivo é usar quatro perguntas quando estivermos diante de algum conflito:

- Isso é verdade?
- Você consegue saber com absoluta certeza que é verdade?
- Como você reage, o que acontece quando acredita nesse pensamento?
- Quem você seria sem esse pensamento?

Podem parecer questionamentos simples, mas, acredite, fazem toda a diferença em momentos de crise, aqueles em que nos sentimos sem rumo.

Byron se deu conta de que, quando colocava na cabeça que alguma coisa tinha que ser diferente do que era na realidade, sofria muito. Quando não acreditava nesses pensamentos, sentia-se bem. O problema estava, portanto, nas próprias crenças sobre o mundo e sobre como os outros deveriam agir. Desse modo, o melhor a se fazer era aceitar a vida como ela é ao buscar ser livre dos pesos e ver os conflitos sob outros ângulos.

Tal método serviu para ela, que se libertou dos pensamentos suicidas, e tem servido para muita gente ao redor do mundo. E para você, faz sentido essa permissão para lidar com os problemas de maneira mais leve? Reflita um pouco sobre isso. Avalie como você está agindo ao dimensionar os conflitos existentes hoje em sua vida. As coisas poderiam ser diferentes? Por que não mudar o modo como você as encara?

A líder de torcida e a juíza

MEDO DO FUTURO

Outra característica típica das mães trabalhadoras que se sentem sobrecarregadas e se cobram em excesso é o medo do futuro e do julgamento alheio. Diga-me se você nunca ficou com o coração apertado só de imaginar que o futuro das suas crianças não será isento de problemas como você quer que seja. Ou que alguém da sua família vai espalhar que você é a "pior mãe do mundo" porque os seus filhos não comem brócolis no almoço.

O nó na garganta está garantido. A noite chega e você não dorme porque está pensando em tudo o que pode dar errado. Sei do que estou falando, pois já passei por isso. Mesmo depois de dias intensos no trabalho e em casa, sentindo-me exausta, deitava a cabeça no travesseiro e não conseguia sequer cochilar. Foram muitas e muitas noites em claro.

Preste atenção em algo importante que quero lhe dizer: você não está sozinha e a sua dor é a mesma de muitas mulheres.

Na próxima vez que tiver insônia, pense que ninguém resolve todos os dilemas da vida em uma única noite. Espere para refletir sobre os seus problemas quando tiver energia para isso. Se for impossível pegar no sono, saia da cama e vá ler um livro ou uma revista. Escolha uma leitura leve, tome uma caneca de chá, leite quente ou suco de maracujá se estiver fazendo calor. Permita-se relaxar um pouco. Até os seus fantasmas precisam descansar.

A coragem de se apaixonar por você

Mais importante do que o amanhã é o hoje, o tempo presente, a sua noite de sono. É no agora que você precisa se concentrar. Trazer a consciência para o tempo presente é plantar boas sementes para colher em um futuro próspero.

Está tudo bem se a culpa e o medo estão ao seu redor hoje – acolha esses sentimentos. O importante é ter no autoconhecimento um caminho e não se deixar paralisar. Sabe aquela história de ir com medo mesmo? É por aí. Costumo brincar com as minhas clientes ao dizer "Coloca a fralda e vai!". Muitas vezes, já a coloquei, fui e deu tudo certo. Vai dar certo com você também.

E o que é melhor: vai dar tudo certo do seu jeito, no seu tempo, sendo você quem você é. No próximo capítulo, vamos avançar nessa reflexão e conversar sobre o mito da supermulher, a vida no limite, a corrida maluca contra o tempo, entre muitas outras pegadinhas nas quais caímos todos os dias.

É no agora que você precisa se concentrar. Trazer a consciência para o tempo presente é plantar boas sementes para colher em um futuro próspero.

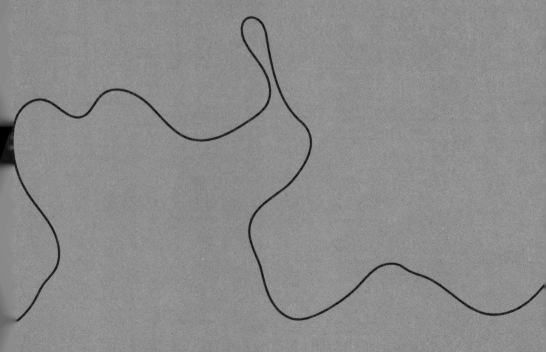

MÃOS À OBRA

Vamos arregaçar as mangas e começar a agir para que você deixe de ser escrava da culpa e dessa mania de perfeição. Estamos juntas nisso, certo?

Já que você leu sobre as vozes internas, que tal começar a questionar a juíza que habita aí dentro?

A seguir, escreva duas mentiras que você costuma contar para si mesma. Exemplo: "Eu não sou boa o suficiente na hora de…".

1. _____
2. _____

Agora, liste duas situações nas quais você se sentiu aflita ou culpada no último mês. O objetivo é fazê-la perceber que não precisa ficar tão mexida diante de situações semelhantes. Exemplo: "Tudo bem não ter visitado minha mãe esse fim de semana, estava muito cansada."

1. _____
2. _____

Vamos reprogramar essa crença para que fique claro quem você é de verdade. Para isso, registre a seguir mais duas frases, só que dessa vez destacando os seus méritos, o que há de bom, de muito valioso em "quem você é" e naquilo "que você faz". Repita-as para si mesma todos os dias pela manhã e à noite.

A autossugestão é uma ferramenta poderosa de desenvolvimento pessoal. Exemplo: "Todo dia entrego o meu melhor e sinto que evoluo cada vez mais".

Agora é com você: traga a sua verdade à tona e lembre-se dela a todo momento:

1. _____
2. _____

Para avançarmos ainda mais, convido você a apontar a câmera do celular para o QR Code abaixo ou acessar https://youtu.be/8OSZu-tgwUQ e conferir o vídeo "A Juíza!", que preparei especialmente para as minhas leitoras. Espero que goste do que vai ver e que esse conteúdo, assim como todos os outros relacionados a este livro, ajude você a ser mais tolerante e feliz consigo mesma.

CAPÍTULO 2:

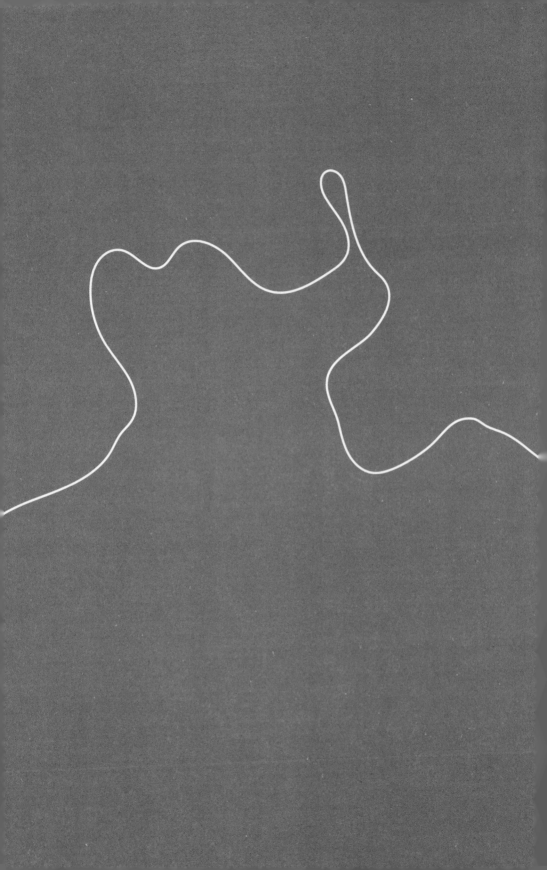

Toda mulher adora sair por aí usando uma camiseta da Mulher-Maravilha. Não há problema algum quanto a isso – destacar a nossa força é sempre bom. Somos muito poderosas. Mas tenha cuidado para que a fantasia não fique grudada à pele: não temos que dar conta perfeitamente de todos os papéis que são esperados de nós. Uma heroína de verdade entende que existem dias de luta e outros de descanso. Ou de preguiça, de ócio, do que você bem quiser. Portanto, permita-se parar para relaxar e recuperar seus poderes com a consciência de que está tudo bem assim.

Deixar a organização dos armários para depois ou escolher tirar o pó dos móveis amanhã não vai mudar a vida de ninguém. A mesma lógica vale para o trabalho, para a tentação de correr e fechar, hoje, o relatório esperado para daqui a três dias. Ou para aquele desespero de querer emagrecer 10 quilos em três meses. Pare, respire e pense que

A coragem de se apaixonar por você

as demandas do escritório estão sob controle e que você pode mandar embora o peso extra em um prazo maior. Tudo vai continuar bem.

Ser uma mulher muito atarefada não vai transformar você na Mulher-Maravilha. Até porque ela é solteira, não tem filhos e tem poderes que não existem. A sua família, saiba, precisa dos seus dons únicos, aqueles que só você tem.

Portanto, estabeleça a sua lista de prioridades e liberte-se dos pesos.

Quer ver outra armadilha muito sutil? Ser elogiada com palavras como guerreira, batalhadora e forte é um modo de ser reconhecida, claro, mas envolve outro ponto de vista.[7] A lógica por trás é a expectativa de que nós, mulheres, sempre damos conta de tudo e vencemos todos os desafios, custe o que custar. Como se a nós, de certa forma, não fosse concedido o direito à humanização. Todo mundo falha, certo? Todo mundo erra, inclusive as "guerreiras".

Todas nós podemos ser frágeis em determinados momentos sem que isso comprometa o conjunto da obra. Não pretendo conjurar a noção equivocada de uma suposta fragilidade feminina propagada por tantas gerações, mas pontuar a nossa desobrigação de "guerrear" e vencer sempre. Assim como os homens, nós podemos ou não dar conta do recado

---

7   BRANDALISE, C. Cansei de ser forte: por que precisamos repensar elogio à mulher guerreira. **UOL Universa**, 30 jan. 2020. Disponível em: https://www.uol.com.br/universa/noticias/redacao/2020/01/30/cansei-de-ser-forte-por-que-precisamos-repensar-elogio-a-mulher-guerreira.htm. Acesso em: 12 abr. 2021.

O mito da supermulher

aqui e ali e seguir vivendo bem assim, sem a cobrança em torno de uma suposta onipotência. Somos todos vulneráveis – é isso que precisamos ter em mente. Somos humanos.

VIVENDO NO LIMITE

Exercer tantos papéis diferentes é outra sobrecarga. Ser mãe, filha, irmã, amiga, esposa e profissional é um desafio diário para muitas mulheres. Isso porque somos cobradas para sermos incríveis em todos eles.

E aí vem de novo aquela sensação de carregar todo o peso do mundo nas costas, com consequências sérias para o nosso estado emocional. É como se fôssemos invadidas pela tristeza, pela frustração, por um vazio que se instala no coração mesmo em meio a uma rotina agitada.

A pressão da responsabilidade toma conta de todos os nossos pensamentos, sufoca os nossos sonhos, afoga os nossos desejos mais profundos. Pensar em si mesma se torna um privilégio, uma vez que os outros estão sempre em primeiro lugar. Estamos focadas, acima de tudo, em cuidar e amar.

E a quem podemos recorrer? Como reclamar se a sociedade grita o tempo todo para você deixar de ser ingrata? Ninguém vai pensar nisso tudo por você, que deve se priorizar. Não se afaste de si mesma.

A coragem de se apaixonar por você

NA HORA DE CUIDAR DOS PAIS

Vou dar um exemplo prático do que estou falando. Quando há idosos na família, a expectativa é de que as filhas mulheres, mais do que os homens, cuidem dos pais na velhice. Antes disso, na maioria das vezes, somos nós que levamos os idosos ao médico e ao laboratório para fazer exames. Nós cuidamos das festas de aniversário, do almoço no Dia das Mães e dos Pais e assim por diante.

Um levantamento feito pela Universidade de Michigan, nos Estados Unidos, entrevistou 26 mil pessoas com mais de 50 anos e comprovou esse senso comum.[8] De acordo com o estudo, as filhas costumam ajudar os pais idosos por um período de doze horas por mês, o dobro do tempo dedicado pelos filhos, que é de apenas seis horas.

O estudo apontou ainda que, quando há irmãos de ambos os sexos, o gênero é o fator mais importante na divisão da assistência. Os filhos homens se acham no direito de não ficar na linha de frente dos cuidados.

Se é exatamente isso que acontece em sua família, considere conversar com seus irmãos abertamente sobre o assunto. Com a divisão dos cuidados, todos sairão ganhando e a balança não penderá para o seu lado. Não tome toda a responsabilidade para si.

---

8 FILHAS cuidam dos pais idosos o máximo que podem; filhos, o mínimo possível. **Veja,** 20 ago. 2014. Disponível em: https://veja.abril.com.br/saude/filhas-cuidam-dos-pais-idosos-o-maximo-que-podem-filhos-o-minimo-possivel/. Acesso em: 22 dez. 2020.

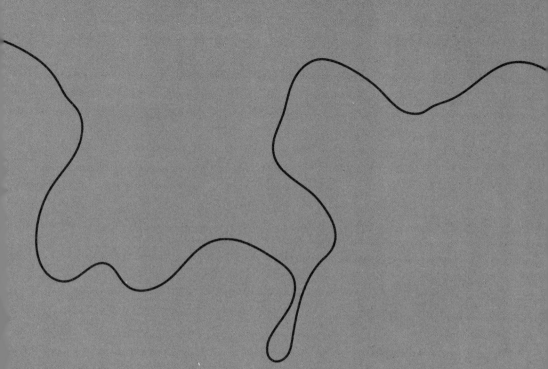

Ser uma mulher muito atarefada não vai transformar você na Mulher-Maravilha.

A coragem de se apaixonar por você

Se você for mãe, já pode começar a fazer a diferença no mundo colocando em prática a divisão de tarefas entre os gêneros na sua casa. Explique ao seu menino e à sua menina que ambos são responsáveis por ajudar a manter o espaço organizado e que, se eles decidirem se casar e ter filhos um dia, serão tão responsáveis por isso quanto a companheira ou o companheiro deles.

Explique que não deve haver atividades de homem e de mulher, que não faz sentido a distribuição dos afazeres segundo o gênero (por exemplo, eles tiram o lixo e elas lavam a louça). Afinal de contas, estamos todos no mesmo barco.

Uma dica prática: ensine a sua criança a dizer "não", principalmente a sua filha,[9] de quem o mundo vai cobrar que se diga "sim" tantas vezes. Ensine sua pequena sobre responsabilidade e compromisso, mas deixe claro que ela não é obrigada a fazer o que não quer. E que pode falar abertamente sobre as suas vontades e os seus limites, que sempre devem ser respeitados.

É assim que vamos descomplicando o mundo, abrindo espaço para o novo, libertando a nós mesmas e aos nossos filhos, que merecem viver em um contexto de mais equilíbrio nas relações.

---

9 OLIVEIRA, A. C. Meninas felizes, mulheres seguras: 10 coisas que você pode fazer por sua filha. **Leiturinha**, 9 out. 2020. Disponível em: https://leiturinha.com.br/blog/meninas-felizes-mulheres-seguras-10-coisas-que-voce-pode-fazer-por-sua-filha/. Acesso em: 22 dez. 2020.

O mito da supermulher

UMA ALDEIA INTEIRA

Sendo você uma mãe casada ou solo, vale acionar ainda a sua rede de apoio na missão de cuidar dos seus pequenos. Gosto muito daquele provérbio africano que diz: "É preciso uma aldeia inteira para educar uma criança".[10]

Nossos filhos saem ganhando se têm contato com mais parentes e amigos além do núcleo familiar. Ampliam seu repertório de conhecimentos e sua visão de mundo, além de terem mais braços dos quais receber carinho. Você merece esse respiro e eles merecem essa dose extra de mundo e de amor.

Se esse suporte, por qualquer motivo, não tem como ser obtido em sua família, que venha dos amigos e do seu laço com outras mães e pais. Organize-se nesse sentido e monte a sua rede com a participação especial dessa outra estrutura. E isso vale para as solteiras, casadas e divorciadas. Por que não? Como seria se uma amiga cuidasse dos filhos da outra, a cada quinze dias, por três horas, para que a outra pudesse descansar um pouco sozinha, por exemplo? Que tal?

Avalie, de acordo com a sua realidade, o que é possível fazer para se sentir mais leve, para respirar um pouco. Faça o que puder, mas não viva com a sensação de ser uma panela de pressão prestes a explodir.

Digo isso por mim, que vivia o tempo todo pensando que, a qualquer momento, uma notícia ruim ia aparecer de algum lado, que o

---

10 ANDRÉ, R. É preciso uma aldeia para se educar uma criança. **Geekie**, 9 maio 2018. Disponível em: https://site.geekie.com.br/blog/educacao-interdisciplinar. Acesso em: 22 dez. 2020.

A coragem de se apaixonar por você

telefone ia tocar e a chamada seria da escola dos meus filhos, com alguém avisando que eles estavam doentes ou que haviam se machucado. Se estivesse em casa, com eles, à noite ou aos fins de semana, o temor era de que essa ligação viesse do trabalho, com algum problema ou pedido urgente para ser resolvido.

A EXCEÇÃO QUE VIRA REGRA

Chega da ilusão de que vai ser possível manter controle absoluto sobre tudo na vida. Em nossos sonhos mais improváveis, damos conta de todas as tarefas, as horas marcadas são sempre cumpridas, nossos filhos vão se comportar exatamente do modo que esperamos que se comportem, e as nossas famílias seguirão fielmente a nossa lista de idealizações.

Na vida real, não temos controle sobre nada e vivemos muito mais na exceção do que na regra. Você pode até achar que cuidou de tudo, mas sempre vai acontecer alguma coisa fora do esperado.

Filhos adoecem, projetos de trabalho nem sempre ficam incríveis, as pessoas que amamos têm dias de pura chatice, nós ficamos estressadas. Não se sinta mal pelos conflitos de todos os dias: a sua casa não é diferente de todas as outras.

Respire e não deixe a sua juíza interna, aquela do capítulo anterior, crescer e aparecer. Você já está aprendendo a lidar com ela, o que é

O mito da supermulher

maravilhoso. Não importa o que os outros pensem, se para eles você é boa o suficiente ou não. Você sabe que faz o seu melhor, tem orgulho da sua história e isso basta. Que a força e a paz estejam com você.

Pensando bem, que a paz, a reflexão e a consciência estejam com você. O tempo todo. Pense bem se aquilo que a incomoda é realmente seu ou se é fruto das projeções dos outros sobre você, do modo como esperam que você se comporte.

Se antes a publicidade exaltava a mãe e dona de casa, valorizando a mulher que vivia para cuidar da família, hoje destaca exatamente a capacidade de ser multitarefa. Sim, somos múltiplas, trabalhamos, temos filhos e somos casadas. Mas isso não nos obriga a buscar a perfeição. Nós não temos que ser tudo ao mesmo tempo agora, passando por cima de nós mesmas para tirar 10 nas provas finais, seguindo o *script* da boa moça.

Ao contrário do que prega o senso comum, há levantamentos que apontam que as mulheres não são necessariamente melhores do que os homens no que diz respeito a fazer muitas coisas ao mesmo tempo. Um estudo publicado pelo site estadunidense Plos One, especializado em pesquisas, afirma que o cérebro feminino não é mais eficiente na hora de fazer mil coisas ao mesmo tempo do que o masculino. Na verdade, conforme a publicação, o cérebro humano não consegue gerenciar múltiplas atividades de uma vez. Somos boas, aí sim, em alternar atividades rapidamente, o que leva muita gente a pensar ser possível assobiar e chupar cana simultaneamente.[11]

Não, não dá para assobiar, chupar cana, cuidar sozinha dos filhos, da casa e ainda ser incrível no trabalho. Mesmo que você se esqueça das minhas palavras, a sua mente, de tão cansada, há de lembrá-la de que é capaz de cumprir somente uma missão por vez.

Para resumir, o mito da multitarefa é mais uma ferramenta de pressão sobre as mulheres, que seguem acreditando nesses conceitos.

Pode parecer surreal, mas ainda nos dias de hoje a pressão para casar e ter filhos recai sobre muitas mulheres. Quantas de nós se tornaram mães sem tanta certeza assim a respeito dessa ser a melhor escolha a ser feita? Sim, a cobrança social é internalizada.[12] Com isso, muitas mulheres acabam tomando essa iniciativa para atender às expectativas dos outros sem levar em conta o que querem de fato.

Até o chamado "instinto materno", uma possível aptidão inata feminina para a maternidade, há algum tempo já é questionado.[13]

---

11 RUPANNER, L. Mulheres não são melhores em multitarefas. Só trabalham mais. **Nexo,** 25 ago. 2019. Disponível em: https://www.nexojornal.com.br/externo/2019/08/25/Mulheres-n%C3%A3o-s%C3%A3o-melhores-em-multitarefas.-S%C3%B3-trabalham-mais. Acesso em: 22 dez. 2020.

12 NORONHA, H. Mulheres ainda sofrem cobranças (e se cobram) para casar e ter filhos. **UOL Universa**, 17 abr. 2015. Disponível em: https://www.uol.com.br/universa/noticias/redacao/2015/04/17/mulheres-ainda-sofrem-cobrancas-e-se-cobram-para-casar-e-ter-filhos.htm. Acesso em: 22 dez. 2020.

13 HONORATO, L. Ser mãe pode ser um fardo e as mulheres estão falando sobre isso. **O Estado de S. Paulo**, 12 maio 2019. Disponível em: https://emais.estadao.com.br/noticias/comportamento,ser-mae-e-um-fardo-e-as-mulheres-estao-falando-sobre-isso,70002823823. Acesso em: 23 abr. 2021.

Não, não dá para assobiar, chupar cana, cuidar sozinha dos filhos, da casa e ainda ser incrível no trabalho.

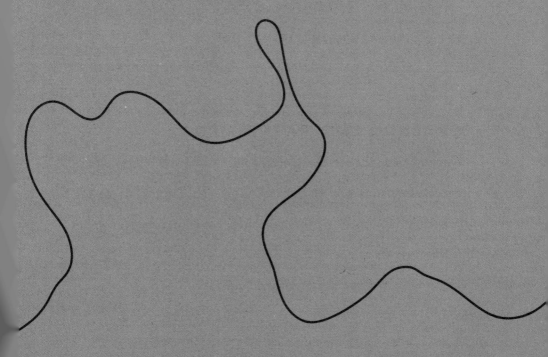

A coragem de se apaixonar por você

Muitas de nós ainda se sentem nascidas para gerar e educar filhos, sem uma reflexão mais aprofundada do impacto dessa decisão na vida. Agora, felizmente, já existe um debate a respeito da vontade genuína de ser mãe diante da pressão social para isso.

Estamos falando de uma novela que traz outros desdobramentos: há mulheres que, além de tomarem para si o estereótipo da mãe casada, ainda exigem algo similar das mulheres que estão perto, seja na família, seja nas relações de amizade.

Será que isso acontece com você? O que está por trás das suas escolhas? As suas decisões são suas mesmo, são fruto da sua vontade, da sua identidade ou do cumprimento de um modelo, de um padrão que alguém um dia impôs a você?

Pare e pense nessas questões. Você vai se surpreender com as reflexões que lhe virão à mente.

CORRENDO CONTRA O TEMPO

Em meio a essa vida sob pressão, ainda ficamos de olho no relógio, o algoz e detentor da culpa por tudo aquilo que não vivemos ou fazemos. Isso quando, na verdade, o uso do tempo está nas nossas mãos, naquilo que fazemos com as vinte e quatro horas que compõem o dia. Quanto desse tempo você passa se preocupando com tudo o que pode acontecer

O mito da supermulher

de errado? Faz sentido gastar tanta energia com isso? Lembre-se: você não é obrigada a dar conta de tudo; vamos respirar um pouco. Até mesmo porque as tarefas nunca acabam.

Pare de se enganar e de querer fazer tudo sozinha de uma vez por todas.

Em meu trabalho, ouço muitos relatos de amigas e colegas que não conseguem descansar à noite, de tão exauridas. Quando chega o fim de semana, também não aproveitam nada, pois precisam dar conta de tudo da casa e atender a todas as demandas da família.

Nesse sentido, certa vez atendi uma cliente que queria ter mais tempo para conversar com o filho à noite, mas que não aceitava dormir sem lavar a louça do jantar, pois aquela sujeira acumulada a incomodava profundamente. A solução? Convidar o menino para ajudar na arrumação noturna da cozinha. O serviço passou a ser feito rapidamente e aquele tempo virou um momento agradável para os dois, com muito papo e bastante risada. Estava resolvido o problema. Ou melhor, dois problemas.

MÃOS À OBRA

A melhor maneira de resolver a sua lista de pendências e viver com menos pesos é encarar de uma vez por todas a relação de tarefas a serem feitas. Vamos resolver isso? Sigamos juntas:

1. Liste todas as atividades e tarefas que ficam rodando em sua cabeça o tempo todo. Anote tudo: fazer compras, marcar a consulta de rotina ao ginecologista, levar as crianças ao pediatra, encomendar os uniformes novos para o ano que vem, fazer a matrícula da natação e por aí vai.

2. Agora, distribua essas tarefas por ordem de importância, considerando se elas são urgentes, importantes ou não tão relevantes assim. Além disso, considere se todas precisam ser executadas por você ou se outra pessoa pode assumi-las, como o seu marido, por exemplo, ou algum parente ou amigo, se você for uma mãe solo.

MEDITAÇÃO GUIADA DE RELAXAMENTO

Depois de tantas reflexões, você merece um presente. Aponte a câmera do seu celular para o QR Code abaixo ou acesse https://youtu.be/Qnx49Oxz2Ec e desfrute de uma meditação guiada de relaxamento que eu selecionei especialmente para as minhas leitoras.

Relaxe, você merece!

*Você não é obrigada
a dar conta de tudo;
vamos respirar
um pouco.*

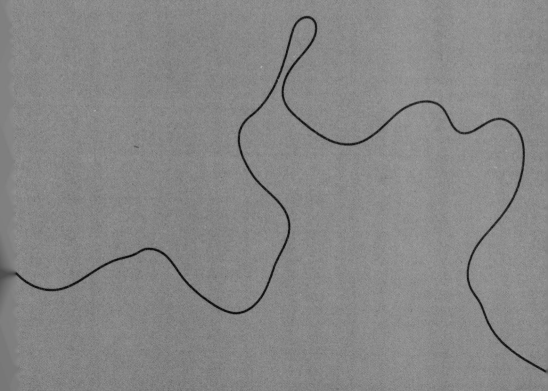

CAPÍTULO 3:

Profissão mulher

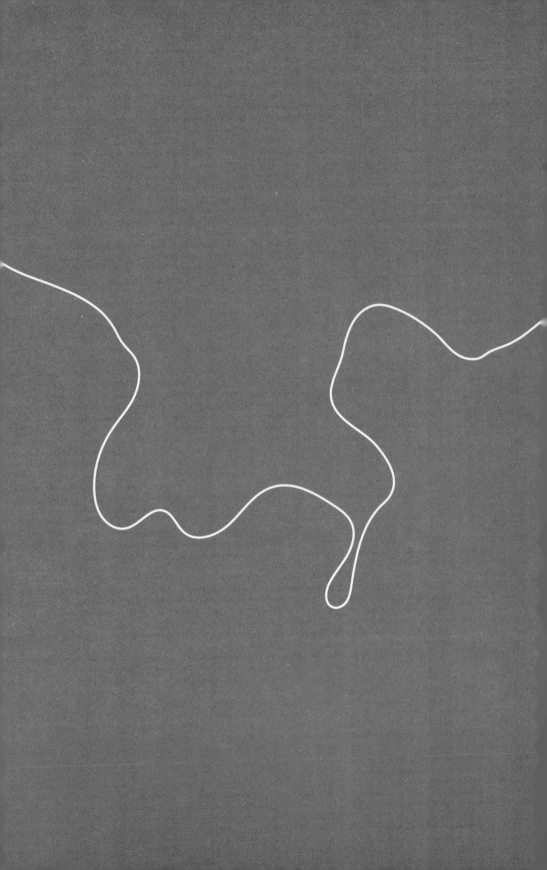

O dicionário diz que profissão é o "trabalho para obtenção dos meios de subsistência". O termo pode ser sinônimo de "ocupação, ofício". Ou "atividade especializada que requer formação e pode ou não servir de meio de vida". [14]

Já parou para pensar nos muitos ofícios exercidos por tantas mulheres? No dia a dia, vamos adquirindo habilidades variadas, nos impomos a obrigação de entender sobre Enfermagem, Pedagogia, Psicologia, Nutrição e por aí vai. Muitas de nós nem se dão conta disso, não conseguem ver o imenso valor que há em tudo o que fazem.

Pois, a partir de agora, tenha em conta que, além da sua ocupação oficial, ser mulher é, por si só, uma profissão e tanto. Um trabalho que requer

---

[14] PROFISSÃO. In AULETE Digital – Dicionário contemporâneo da língua portuguesa. Disponível em: https://www.aulete.com.br/profiss%C3%A3o. Acesso em: 11 maio 2021.

A coragem de se apaixonar por você

funcionárias multitarefa e que parecem receber, desde a infância, um roteiro dizendo como se comportar: seja boa, gentil, educada, linda, magra, praticante disciplinada de atividades físicas, dona de casa exemplar, mãe de crianças educadas, quietas e devoradoras de brócolis. Se eu me esqueci de mencionar nessa lista uma carreira profissional de sucesso, com todos os diplomas possíveis e cargos de direção em pelo menos três multinacionais, que fique registrado mais esse item.

Estamos tão focadas nessa luta pela sobrevivência, trabalhando implacavelmente para não falhar, que nos esquecemos de ver a grandiosidade de sermos quem somos: mulheres. E aqui me refiro a essência, dons naturais, força, intuição, generosidade, coragem, capacidade infinita de amar. Somos livres, podemos ser o que bem quisermos.

Em *Mulheres que correm com os lobos*, clássico de Clarissa Pinkola Estés, a autora destaca, entre outros pontos de reflexão, o modelo da liberdade feminina, essa força que existe dentro de nós. Clarissa destaca a importância de compreensão da natureza selvagem da mulher, suas características próprias, aquelas que vão além daquilo que é determinado pela sociedade.[15]

Fico pensando em como nos perdemos no caminho, no quanto somos sufocadas por esse teatro da vida real. E o que é pior: muitas vezes tendo que seguir modelos tão distantes da nossa essência. No mercado

---

15 ESTÉS, C. P. **Mulheres que correm com os lobos**. Rio de Janeiro: Rocco, 2014.

Profissão mulher

de trabalho, por exemplo, ainda precisamos nos comportar como os homens para obter espaço e reconhecimento. Felizmente, entre os consultores de carreira, já existe o entendimento de que as profissionais mais jovens começam a ter abertura para agir segundo a sua individualidade, sem precisar abrir mão de quem são.[16]

Em outras palavras, você não precisa ser durona para ser assertiva. Muito menos grossa. Orientar com leveza, estimulando a equipe e sabendo obter o melhor de cada um, é uma habilidade valiosa de qualquer líder, independentemente de gênero. Basta lembrar-se dos chefes com quem você se deu melhor trabalhando, aqueles ao lado dos quais você mais se dedicou e, portanto, apresentou melhores resultados. Eles ou elas foram os mais cascas-grossas ou os mais empáticos e cheios de carisma? E você, que tipo de líder é ou deseja ser?

A CHEFE DE FAMÍLIA

Na próxima vez que encontrar as suas amigas (eu realmente espero, torço para que você consiga ter esse tempo para si sempre que possível), se houver abertura, pergunte quem tem a maior renda na casa delas.

---

16 TANCREDI, T. 5 mitos sobre as mulheres que precisamos desconstruir de vez. **GaúchaZH**, 1 mar. 2019. Disponível em: https://gauchazh.clicrbs.com.br/donna/noticia/2019/03/5-mitos-sobre-as-mulheres-que-precisamos-desconstruir-de-vez-cjspzdoho03ql01p8qr3rsln1.html. Acesso em: 18 jan. 2021.

A coragem de se apaixonar por você

Se a sua rede de amizades seguir o que apontam os dados do Instituto Brasileiro de Geografia e Estatística (IBGE), quase metade dos lares brasileiros são chefiados, do ponto de vista financeiro, pelas mulheres. Ao todo, são 34,4 milhões de lares com esse perfil. Assim, o percentual de domicílios comandados por mulheres passou de 25% em 1995 para 45% em 2018. Um avanço relacionado, principalmente, à maior participação feminina no mercado de trabalho.[17]

Digo isso para que você tenha, cada vez mais, consciência da sua força, das suas potencialidades. De como você pode conduzir a sua vida com liberdade, diferentemente do que foi no passado, quando tantas mulheres não podiam se divorciar por questões financeiras, por não terem meios para sustentar a si próprias e aos filhos.

Essas reflexões me trazem à mente o relato de Olívia, que conheci há vinte anos. Mãe de três filhos, se separou quando as crianças ainda eram pequenas (seu filho mais velho tinha 8 anos). O motivo? O marido penhorou o imóvel em que a família morava por conta de uma dívida de jogo. Para resumir, ela teve que se mudar com os pequenos, assim, no susto, do dia para a noite.

Reuniu toda a força que tinha para a guinada, para a nova vida. Já tinha uma carreira promissora como gerente de uma sapataria e, com a ajuda da mãe, que passou a cuidar das crianças, seguiu trabalhando.

---

17 BARBOSA, M.; PHELIPE, A. Quase metade dos lares brasileiros são sustentados por mulheres. **Estado de Minas**, 16 fev. 2020. Disponível em: https://www.em.com.br/app/noticia/economia/2020/02/16/internas_economia,1122167/quase-metade-dos-lares-brasileiros-sao-sustentados-por-mulheres.shtml. Acesso em: 18 jan. 2021.

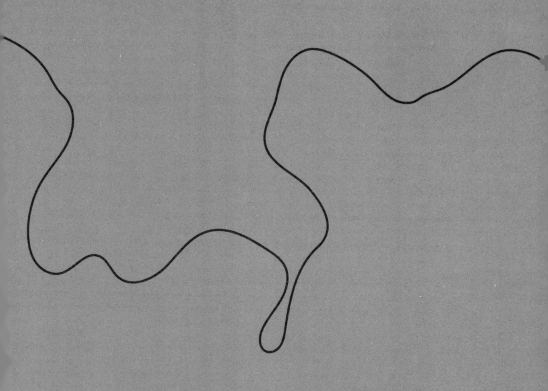

Orientar com leveza, estimulando a equipe e sabendo obter o melhor de cada um, é uma habilidade valiosa de qualquer líder, independentemente de gênero.

A coragem de se apaixonar por você

Hoje, Olívia tem orgulho dos filhos formados ou na faculdade, cheios de saúde e bem encaminhados na vida.

Dia desses, perguntei a Olívia se ela tinha noção da sua importância, do seu papel na vida de seus filhos, de sua grandiosidade e força. Modesta, ela respondeu: "Só fiz o que devia fazer".

Para mim, Olívia é um exemplo de força e resiliência, de como somos capazes de ir além. Uma chefe de família como poucas.

A EXECUTIVA

Avançamos muito, todos os dias, no que se refere ao incremento da renda, à força da nossa participação no orçamento familiar. No ambiente corporativo, no entanto, o desnível ainda é grande.

Segundo um levantamento da Organização Internacional do Trabalho (OIT)[18] feito em 115 países, 73% de todos os gerentes são homens. Trocando em miúdos, há muito menos mulheres do que homens em cargos de gestão. Para a OIT, o avanço, nesse campo, tem sido praticamente nulo desde o início do século.

Na análise por região, feita pela organização em 2018, a presença de mulheres gestoras era mais alta na América Latina e no Caribe,

---

18 Estudo da OIT mostra falta de progresso na igualdade de gênero no mercado de trabalho. **ONU News**, 14 jan. 2020. Disponível em: https://news.un.org/pt/story/2020/01/1700382 /. Acesso em: 18 jan. 2021.

Profissão mulher

com 39% dos cargos, e na América do Norte e na Europa, com 37%. Já a Ásia Ocidental e o Norte da África apresentaram os percentuais mais baixos: 12%.

E isso não é tudo: as mulheres representam 39% de todos os trabalhadores assalariados do mundo, mas apenas 27% dos cargos administrativos. Considerando todas as profissões e cargos, as mulheres ganham, em média, 14% menos do que os homens.

Para a OIT, em conclusão apresentada no mesmo estudo, "apesar de muito debate sobre o fim das diferenças de gênero e a melhoria para as gerações atuais e futuras, isso ainda não é confirmado pelos dados".

É realmente uma conta difícil de fechar: apenas 3% das mulheres no Brasil ocupam cargos de liderança, mas, quando consideramos o número de estudantes universitários no Brasil, descobrimos que elas respondem por 60% do total de matrículas no ensino superior. Os dados são de uma pesquisa da consultoria Bain & Company.[19] Agora, diga-me: se somos, em tese, mais qualificadas, por que não chegamos ao topo com mais frequência?

Sabemos que, por parte de muitos recrutadores, existe a predileção pelos homens com a suposta premissa de que mulheres em idade fértil

---

19 APENAS 3% das mulheres no Brasil ocupam cargos de liderança, aponta pesquisa. **Estado de Minas**, 12 jul. 2019. Disponível em: https://www.em.com.br/app/noticia/economia/2019/07/12/internas_economia,1069103/apenas-3-mulheres-brasil-ocupam-cargos-de-lideranca-aponta-pesquisa.shtml. Acesso em: 18 jan. 2021.

A coragem de se apaixonar por você

tendem a priorizar a família e a criação dos filhos em detrimento da carreira. Como se todas nós tivéssemos os mesmos objetivos de vida ou como se a maternidade fosse um fator que atrapalha o crescimento profissional, não é?

Mas isso não explica tudo. Segundo a mesma pesquisa, os homens se candidatam a uma vaga quando preenchem 60% das qualificações. Já as mulheres, apenas quando preenchem 100%. Além de todo o contexto em prol dos homens, nós também nos limitamos quando o assunto envolve a ascensão profissional.

MAIS ENVOLVIDAS, MAIS PRODUTIVAS

Em *O poder econômico das mulheres*,[20] Maddy Dychtwald e Christine Larson explicam que o envolvimento feminino no trabalho é diferenciado em relação ao grau de entrega dos homens. Nós costumamos nos dedicar mais às empresas e às causas a elas relacionadas, tendo maior preocupação com o bem-estar corporativo.

As autoras defendem ainda a ideia de que as trabalhadoras mães tendem a ser mais dedicadas e produtivas. E o motivo é muito simples: querem fazer seu trabalho bem-feito e sair do trabalho no horário, sem dar motivo para ninguém apontar queda no desempenho e sem precisar

---

20 DYCHTWALD, M.; LARSON, C. **O poder econômico das mulheres**. Rio de Janeiro: Elsevier, 2011.

Profissão mulher

fazer hora extra, atrasando o momento de saída e, consequentemente, o tempo ao lado dos filhos.

Faz sentido para você? Para mim, faz. É uma pena que nem todas as empresas tenham despertado para isso ainda.

Também é comum ouvir relatos de mulheres que, mesmo conquistando espaço importantes e altos cargos, sentem-se sozinhas, incompreendidas. São, em geral, as que mais precisam ser "fortes" aos olhos dos colegas do sexo masculino.

Para mim, essa é uma visão muito limitada das coisas. É importante sempre destacar que você pode ser tudo aquilo que quiser e que não deve se esforçar para caber em algum modelo. Se pretende seguir carreira corporativa, procure uma empresa que esteja de acordo com os seus valores, com o seu modo de ver as coisas. A maior parte das corporações ainda precisa avançar muito no que se refere à igualdade de oportunidades, bem sei, mas isso não quer dizer que não existam possibilidades. Sim, em algum lugar há uma boa vaga de trabalho que tem tudo a ver com você.

E lembre-se: se você é mãe e dá conta de tanta coisa, está pronta para vencer qualquer desafio. Mas isso, claro, sem cair na armadilha de buscar ser aquela que consegue resolver tudo sozinha. Seja você, identifique e valorize os seus pontos fortes, conte com a sua rede de apoio. Não silencie a própria voz.

A coragem de se apaixonar por você

Há pouco tempo, conheci uma grande gestora. Uma mulher de um coração imenso, mas muito preocupada com o que pensavam sobre ela no trabalho. De tão influenciada por isso, passou a exercer o seu papel sendo outra pessoa. Era arrogante para não ser desafiada, gritava para parecer forte, era rude para demonstrar que conhecia mais do que os outros sobre todos os assuntos apresentados. Era a própria cópia de um velho chefe que havia conhecido. O que essa mulher ganhou com isso? Uma crise de estresse e a própria demissão: sua equipe não a suportou. Passada a tempestade, veio a vitória. Tendo a coragem de ser ela mesma e mudando completamente de comportamento em relação aos colegas e aos integrantes do time, conseguiu um novo emprego três meses depois. Na nova empresa, já recebeu até uma premiação como destaque de liderança.

A MARATONISTA

As grandes atletas se preparam, todos os dias, para as competições mais importantes. Treinam o corpo e a mente para os desafios, buscam a superação a cada dia. Na vida real de uma mulher do século XXI, nunca se sabe quando a sua grande prova vai acontecer. Não há data marcada: você simplesmente precisa estar pronta para entregar a sua melhor performance.

Seja você, identifique e valorize os seus pontos fortes, conte com a sua rede de apoio. Não silencie a própria voz.

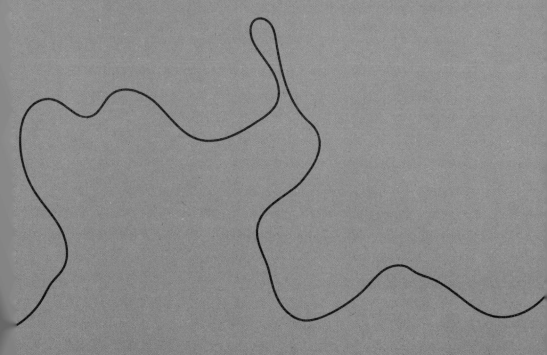

A coragem de se apaixonar por você

Essa habilidade feminina, esse poder, sempre me impressionou. Isso ficou ainda mais evidente na pandemia de covid-19, que deixou famílias isoladas em casa a partir de 2020.

Foi, digamos assim, um desafio digno de triatleta. Não à toa, tivemos a saúde mental mais afetada do que os homens. Conforme levantamento da ONG Care International,[21] que ouviu mais de 4 mil homens e 6 mil mulheres de 38 países, elas tiveram três vezes mais riscos de apresentar problemas ligados à saúde mental do que eles. Os sinais apontados pelas entrevistadas incluíram ansiedade, dificuldade de dormir e concluir tarefas e perda de apetite.

Por que sofremos mais do que os homens? Porque fomos submetidas a fatores de estresse com os quais eles não tiveram contato. Um deles foi o acompanhamento das aulas virtuais dos filhos, missão relegada às mães na maioria das famílias avaliadas pelo estudo. Isso além da preocupação com os afazeres domésticos e com a alimentação e a manutenção da saúde e do bem-estar da família.

Para completar, houve ainda o impacto na renda. O levantamento apontou que 55% das entrevistadas relataram perdas financeiras depois que a covid-19 ganhou o mundo. Entre os homens, esse percentual foi de 34%.

---

21 MULHERES tiveram saúde mental mais afetada do que os homens na pandemia, diz pesquisa. **Crescer Online**, 25 set. 2020. Disponível em: https://revistacrescer.globo.com/Saude/noticia/2020/09/mulheres-tiveram-saude-mental-mais-afetada-do-que-os-homens-na-pandemia-diz-pesquisa.html. Acesso em: 18 jan. 2021.

Profissão mulher

Não tenho dúvida de que sobreviveremos ao caos, o que será mais uma prova da nossa resiliência, resistência, reinvenção. Uma garantia de que somos capazes de realizar os nossos sonhos, de ir além se assim quisermos.

Não se deixe enganar pelo acúmulo de tarefas, pela invisibilidade do trabalho doméstico, pelo ensino a distância das crianças, pelo *home office* com direito a gestor querendo marcar reunião às 13 horas, horário em que a sua trupe costuma almoçar. Não caminhe rumo à exaustão, nem ignore seu cansaço.

Tenhamos paciência, pois todas temos limites. Faz parte do jogo que, em alguns dias, fiquemos tristes, angustiadas, irritadas e frustradas. Não seremos menos fortes por causa disso. Vai passar, tudo passa.

Descanse, minha querida maratonista, descanse. Aprenda a descansar para preservar seu corpo e sua mente e ter mais qualidade de vida. Você merece!

A MÃE PERFEITA

Chegamos a uma figura muito conhecida, a um modelo quase imaginário, mas tão presente em nossa mente e em nosso coração: a mãe perfeita. Isso existe mesmo? Alguém já viu? Como é a mãe perfeita? Quem consegue traduzir a imagem dessa figura?

A coragem de se apaixonar por você

Bom, se a mãe perfeita existe, eu jamais a conheci. Nem nunca ouvi relatos de quem conhecesse uma. Acredito ser um mito. Aproveito para registrar a minha indignação em relação a esse assunto e para colaborar com o debate: quem disse que as mães precisam se comportar de maneira impecável? Onde está escrita essa informação? Por acaso você já leu, em algum lugar, sobre o ideal do pai perfeito? Eu nunca ouvi falar disso. Dos homens, ninguém exige nota 10 no que se refere à educação dos filhos.

Fico feliz que essas reflexões venham ganhando força. A vida, afinal, não segue um roteiro infalível. Portanto, não se cobre tanto. No cotidiano de cada lar, de cada família, tem erro, tem acerto, tem briga e tem reconciliação. Tem gente irritada e dias cheios de impaciência. O que não pode faltar? Amor, consciência, abertura para o diálogo, respeito e vontade de evoluir. Acolha a sua frustração, siga em frente, seja melhor amanhã do que foi hoje. E acredite: vai ficar tudo bem.

Uma dica: se puder, siga os canais e as redes sociais de mulheres que falam abertamente sobre as suas questões, que admitem que, em matéria de educação, não existem modelos de execução totalmente garantidos e eficazes. Que compartilham com seu público as noites insones com os filhos assustados, a agonia pelo choro da caçula, os dramalhões da adolescência. Sim, a internet está repleta de ótimas influenciadoras com esse perfil, de gente que se apresenta como

Profissão mulher

realmente é. Faça uma curadoria de bons conteúdos para fortalecer seu aprendizado.[22]

A CORAGEM DE SER IMPERFEITA

E se coragem for justamente a capacidade de assumir a nossa imperfeição? É exatamente o que propõe Brené Brown em *A coragem de ser imperfeito*.[23]

A autora destaca que viver é estar diante das incertezas, dos riscos. É se expor emocionalmente. E tudo bem que seja assim: a vulnerabilidade, afinal, não é uma prova de fraqueza, mas a melhor definição de bravura, da coragem de estarmos vivos.

Nesse contexto, de nada adianta fugir do medo, da tristeza e da decepção. Essas emoções são pontes que podem nos levar ao nosso melhor. Se nos aceitamos como somos, descobrimos as nossas forças, nos abrimos aos aprendizados, às infinitas possibilidades. Quem tem medo de errar e por isso não se permite, não se expõe, abre mão de viver experiências marcantes. Tenho certeza de que não é isso que você quer para si mesma.

---

22 Para começar, compartilho com vocês esta lista com 10 mulheres que falam sobre maternidade real nas redes sociais, disponível em https://brancoala.com/maternidade-real/. A partir das histórias dessas influenciadoras, você encontrará um universo sobre os desafios vividos cotidianamente por muitas mulheres.

23 BROWN, B. **A coragem de ser imperfeito**. Rio de Janeiro: Sextante, 2016.

A coragem de se apaixonar por você

A verdadeira revolução é você entender que a vida não deve ser pesada. E que você não deve se deixar soterrar por todo o contexto social que a rodeia.

Seja verdadeira, reconheça o seu valor, o quão boa você é em tantas áreas da vida. Que essa reflexão seja o impulso que faltava para você mudar de patamar e realizar os seus sonhos mais secretos. Aqueles mesmos que hoje estão adormecidos em seu coração.

Não existe certo ou errado, pare de ficar procurando essa dualidade em tudo. Hoje, vou atrás do que me completa e realiza, daquilo que me dá orgulho. Compartilho as minhas ideias com o mundo, com quem quiser me ouvir. Se alguém não concordar comigo, que bom: abro os olhos e os ouvidos, tento entender o que posso aprender a partir de um novo ponto de vista. O que me define está dentro de mim e isso basta.

A minha crise de estresse me ensinou que o mundo não gira em torno de mim. E que ele não para porque eu parei. Sejamos felizes, simples assim.

MÃOS À OBRA

Vamos ver um vídeo juntas para complementar o nosso debate? Seus filhos podem aprender com você, apenas seja você mesma. Para conferir, basta usar o QR Code abaixo ou acessar https://youtu.be/S__3V4LjscE.

CAPÍTULO 4:

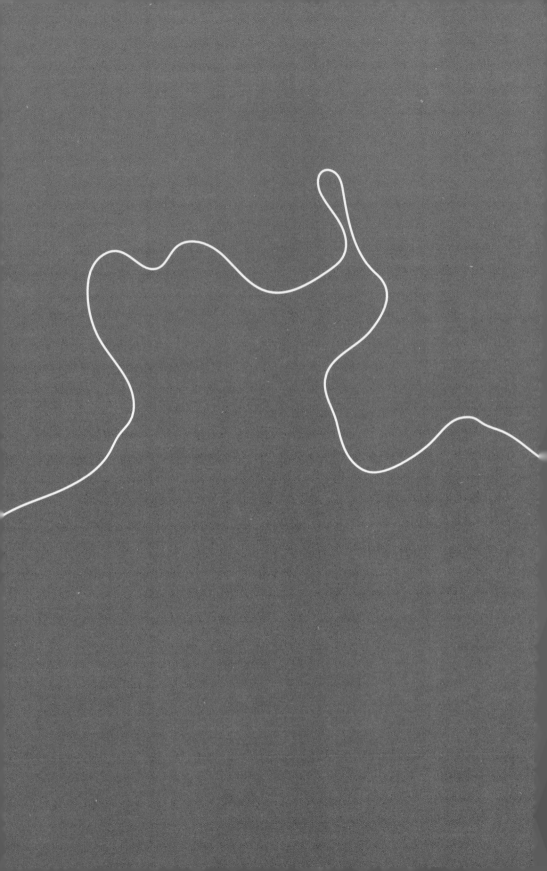

hegou a hora de avançar em nossa caminhada. De começar a apresentar a você, com clareza, o que fazer para descomplicar a sua rotina, para viver de modo mais leve e mais alegre. Afinal, você merece. Vamos em frente!

É preciso coragem e determinação para tomar posse da vida que realmente foi preparada para você. Não existem livros ou manuais que nos ensinem a fórmula mágica para deixar de viver um cotidiano baseado nas obrigações e passar a desfrutar de boas escolhas.

Comece levando em consideração que, no seu caminho, vale aquilo que for melhor para você. É hora de filtrar as verdades absolutas, as exigências, os pesos, as vozes de condenação que surgem de toda parte. Uma boa medida é avaliar o número de sorrisos que você dá todos os dias. Observe o que lhe traz alegria e bem-estar.

A coragem de se apaixonar por você

DESLIGUE O PILOTO AUTOMÁTICO

Quando os meninos eram pequenos, em uma tarde de sábado qualquer, assistindo a um filme e comendo pipoca enquanto eles dormiam, me dei conta de que os meus sorrisos eram cada vez mais raros. Na companhia dos meus filhos, era fácil dar risada; eu precisava reaprender a rir sozinha, ter as minhas motivações de humor, de leveza. Foi quando a ficha caiu: estava dominada pela preocupação, pela angústia e pelo medo. Vivia em uma busca frenética, ansiosa pelo fazer, fazer e fazer cada vez mais. Não conseguia viver sem me manter ocupada. Agora sei que estava, na verdade, fugindo dos questionamentos, das reflexões que me levariam a repensar minha vida, que poderiam virar o meu mundo de cabeça para baixo.

Naquela ocasião, a cada pipoca engolida, uma tensão diferente vinha à cabeça. Como o balde estava cheio e o filme era longo, acabei percebendo que precisava desligar o piloto automático. Melhor do que seguir qualquer dica mágica ou modelo infalível, é preciso sentir, no coração, que a resposta que você tanto procura lá fora está aí, dentro de você. Não seja tão dura consigo mesma, não impeça que a sua melhor versão se liberte e saia por aí. Apenas deixe-a viver!

Muitas vezes me calei ou aceitei atitudes com as quais não concordava. Agi na direção contrária à minha essência, vivia em uma busca incessante para ser "a melhor, a perfeita". Entendo que tudo isso só nos traz mais peso e culpa. Sinceramente, não é assim que conseguiremos

Sua vida, suas regras!

resolver os nossos problemas. Encontramos a felicidade quando aceitamos que as dificuldades estão todas aí, fazem parte da nossa existência. Viver é entender que o equilíbrio está em viver em desequilíbrio – com a coragem de aceitar a imperfeição e tendo uma visão mais realista e menos idealizada da vida.

Se na sua vida estão aparecendo problemas a todo instante, esse é um ótimo sinal. Sabe por quê? Porque isso significa que você está realmente viva, em movimento. O que fará diferença são a sua capacidade, flexibilidade e velocidade para lidar com esses dilemas. O caos não está na existência dos desafios em si, mas em se sentir confusa, perdida ou incapaz de resolvê-los. Quando isso acontece é porque você provavelmente se desconectou da própria essência, de quem realmente deseja ser, de quem acredita que pode ser. Não estou falando daquela personagem, daquele modelo idealizado de mulher que você se esforça para apresentar ao mundo, mas de quem você é quando está sozinha ou se olha no espelho. Aquela que se enche de orgulho de suas histórias, de suas cicatrizes, das rugas, dos fios de cabelo branco, das decepções e dos quilos a mais. Você sabe que tem muito valor, que é dona de um coração generoso, capaz de espalhar amor por onde passa.

Em *A arte da felicidade*,[24] o líder espiritual Dalai Lama destaca o aprendizado como caminho para uma vida mais feliz. Segundo ele,

---

24 LAMA, D.; CUTLER, H. C. **A arte da felicidade**. São Paulo: Martins Fontes, 2011.

A coragem de se apaixonar por você

precisamos aprender com as nossas emoções, observar como determinados comportamentos negativos nos fazem mal. Além disso, devemos ter em conta que as emoções positivas têm o efeito oposto, nos fazem bem. É essa consciência que vai nos fazer valorizar e querer ampliar o que nos traz leveza e alegria. De repente, vai começar a ganhar força uma vontade genuína nesse sentido, uma força que vem de dentro para fora. É quando a gente decide tomar as rédeas da própria felicidade nas mãos.

90

MENOS ESFORÇO, MAIS LEVEZA

Depois de muitos anos de reflexão e com os filhos já crescidos, resolvi fazer uma retrospectiva das características que carreguei comigo por toda a vida. O objetivo era entender quem eu era. Sabe o que descobri? Que eram as mesmas daquela mãe adolescente que se sentia frágil, insegura. Hoje sei que a alegria, a determinação, o otimismo e a vulnerabilidade formam a minha essência.

Maior ainda foi a surpresa diante dos resultados que obtive na minha carreira quando decidi ser quem realmente sou no trabalho. Apenas parei de tentar ser aquela mulher guiada pelas regras, por aquilo que o mundo diz que deve ser, e viver de acordo com as minhas convicções, comprometida em levar adiante a minha visão de mundo.

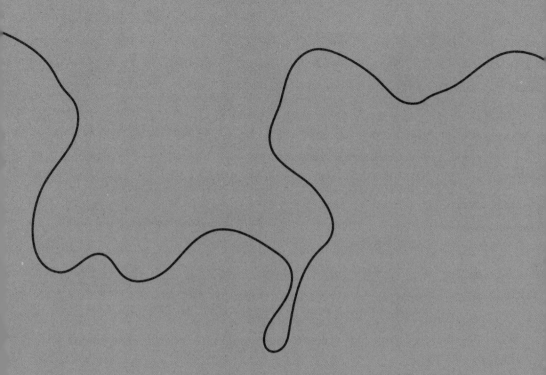

Não seja tão dura consigo mesma, não impeça que a sua melhor versão se liberte e saia por aí. Apenas deixe-a viver!

A coragem de se apaixonar por você

Passar décadas esforçando-se para ser uma versão imaginária da perfeição que você criou para si só vai trazer peso, cansaço, tristeza. Permita-se transbordar quem você é.

Agora preste atenção: sim, você é livre para ser você mesma! Minha vida ficou muito melhor e mais leve quando eu me encorajei a mergulhar no autoconhecimento. Entender os valores que me movem, as forças que tenho, meus medos e minhas crenças me levaram ao sucesso profissional e à realização pessoal. Não que hoje eu não tenha desafios ou problemas: a diferença é que uso os meus superpoderes diariamente para superar as adversidades.

E outra: conhecer-se não significa ser capaz de resolver imediatamente todos os problemas,[25] mas ter base para lidar com as dificuldades, para ir além. É assim que agem algumas das mulheres mais sábias que já conheci.

Há inclusive mulheres empreendedoras que destacam ações envolvendo os pilares "autoconhecimento, autoconfiança e autogestão".[26] É exatamente a ideia de que ninguém é capaz de transferir, para nós, poder e segurança. Somos nós mesmas as responsáveis pelas nossas escolhas, ações e omissões.

---

25 LOBO, K. G. Ancoramento. **Claudia Online**, 21 out. 2020. Disponível em: https://claudia.abril. com.br/blog/atitude-50/ancoramento/. Acesso em: 19 jan. 2021.

26 BERTÃO, N. Autoconhecimento, autoconfiança e autogestão – os três pilares que podem mudar a vida das mulheres. **Valor Investe**, 19 jun. 2020. Disponível em: https://valorinveste.globo. com/blogs/naiara-bertao/post/2020/06/autoconhecimento-autoconfianca-e-autogestao-os-tres-pilares-que-podem-mudar-a-vida-das-mulheres.ghtml. Acesso em: 19 jan. 2021.

Sua vida, suas regras!

MERGULHANDO NO AUTOCONHECIMENTO

É bonito acompanhar, em meu trabalho de *coach*, tantas mulheres transformando a própria vida. Entre clientes que atendi, a Verônica foi especial. Em nossas primeiras conversas, ela insistia em não reconhecer os próprios talentos, não se considerava capaz de lidar com a sua posição de liderança no trabalho, e, em casa, não se sentia capaz de se impor diante do filho e do marido.

A cada vez que ela mergulhava no autoconhecimento e buscava mais da própria essência, sentia-se encantada e orgulhosa da história que estava traçando. Verônica passou a limpo a sua trajetória e todos os momentos nos quais se superou, conquistando tudo o que queria. O mais marcante no processo foi o reconhecimento de que os desafios da vida continuavam ali, mas ela se sentia segura consigo mesma para seguir em frente. E vencer.

Tenho orgulho de dizer que a minha cliente mudou de vida. É essa transformação que quero ver em você também.

O autoconhecimento é seu aliado nesse processo de libertação. Quando não se conhecem, as pessoas se sentem inseguras, têm dificuldade para dizer não, aceitam passivamente as decisões dos outros, desconhecem sua forças e seus talentos, se pressionam, se culpam, se frustram. Por outro lado, ao olhar verdadeiramente para dentro de nós, nos empoderamos, somos donas de nossas escolhas, usamos as emoções a nosso favor, nos admiramos, nos elogiamos, crescemos.

A coragem de se apaixonar por você

Desafie-se a se descobrir, se reinventar, mudar de opinião e, acima de tudo, escolha ser feliz. Ame-se e empodere-se.

Agora você deve estar se perguntando: mas como mergulhar no autoconhecimento? Como começar?

Vamos lá: fazer terapia é um excelente caminho, é como construir uma base sob a qual você vai evoluir. Com a pandemia de covid-19, muitos psicólogos passaram a atender on-line e muitas plataformas especializadas nisso surgiram, o que também ajudou a reduzir os preços das sessões. Se antes o custo era um impedimento para você, saiba que agora ficou mais acessível. Peça indicação, faça uma boa busca na internet, permita-se dar esse passo.

Além disso, você pode se guiar por ações muito simples, como ficar em silêncio,[27] sozinha com os próprios pensamentos. Se puder meditar, perfeito. Há muitos áudios prontos, que guiam os praticantes, à disposição no YouTube, em aplicativos de smartphone, em *podcasts* sobre o tema. E não é preciso ficar sozinha no alto de uma montanha ou de frente para o mar para isso. Em cinco minutos, onde quer que esteja, você pode fechar os olhos e se deixar levar. Se não der para meditar, tudo bem, apenas relaxe um pouco, deixando a mente livre. Pode ser até um cafezinho em um lugar tranquilo no meio da tarde, o que der.

---

27 RATTI, C. Como desenvolver o autoconhecimento? 10 passos para te ajudar. **IG**, 2 nov. 2018. Disponível em: https://delas.ig.com.br/comportamento/2018-11-02/como-desenvolver-autoconhecimento.html. Acesso em: 19 jan. 2021.

*Vamos lá: fazer terapia
é um excelente caminho,
é como construir
uma base sob a qual
você vai evoluir.*

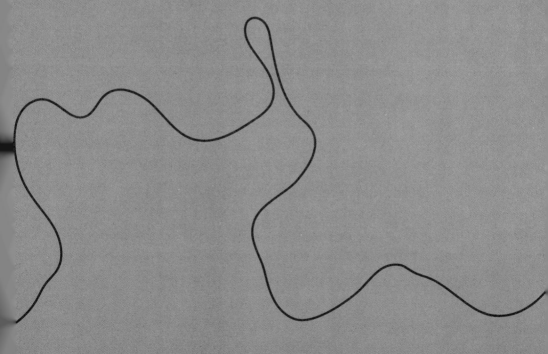

A coragem de se apaixonar por você

Coloque para fora suas emoções, seja escrevendo, seja gravando áudios para si mesma. Que tal manter um diário? Provavelmente você tinha esse hábito na adolescência. Seja como for, deixe seu interior fluir. Se estiver passando por alguma dificuldade, vai ver como as soluções vão chegar mais rápido à sua mente.

Outra boa dica é evitar pedir conselhos. Eu sei que a sua mãe é a pessoa que mais ama você no mundo, que tudo o que a sua melhor amiga quer é ver você feliz, que o seu marido é um excelente ouvinte e parece ter sempre as melhores respostas. Agora, mesmo que estejam repletos de boa vontade, nenhum deles está dentro de você ou sabe o que de fato é importante para o seu desenvolvimento. Esta é realmente uma parte importante do processo de autoconhecimento: que as conclusões sejam sempre suas.

Também gosto de investir em informação. Leia muito, quantos livros puder, veja filmes, procure artigos sobre autoconhecimento, descubra canais interessantes para seguir nas redes sociais. Não faltam bons conteúdos, pode acreditar!

ATAQUES DE RAIVA

Para fechar essas recomendações básicas, sugiro que você seja generosa consigo mesma. Dia desses, conversei com uma mãe maravilhosa de três meninos de 4, 5 e 8 anos, mas que se sentia culpada pela falta de paciência

Sua vida, suas regras!

com o trio à noite, na hora de dormir. Ela me contou que quase todos os dias ia se deitar se martirizando e que amanhecia em outro modo, explodindo de bondade para compensar a irritação da véspera. Um ciclo de muito estresse.

Tivemos uma boa conversa. Ela, que é leitora de livros e artigos sobre educação positiva e comunicação não violenta, não admitia que pudesse perder a linha. Expliquei que, nessas horas, o importante era se acolher e, depois, conversar abertamente com os pequenos. Pedir desculpas e explicar que todos nós precisamos aprender a lidar com a nossa raiva. Ela me disse que faz exatamente isso e que morre de vergonha quando volta a ter ataques com os garotos. Argumentei que a vida é exatamente isto: errar, reconhecer, aprender, errar de novo, aprender mais um pouco, seguir em frente. De baque em baque a gente chega lá. E, uma hora, quando menos se espera, passa a agir de maneira diferente.

Entende agora o que quero dizer quando falo de vida real e de imperfeição? É exatamente isto: deixar claro, primeiro para nós mesmas e depois para os outros, que, sim, a gente erra. E que tudo isso faz parte do jogo. O importante é continuar caminhando com amor, vontade e liberdade, sempre fazendo o nosso melhor e, acima de tudo, sendo livres para sermos nós mesmas.

Mas atenção: apenas ler mensagens inspiradoras não gera o resultado que realmente desejamos, por isso desenvolvi um método para

A coragem de se apaixonar por você

você reprogramar seus pensamentos, sentimentos e comportamentos. Ele é simples e objetivo e se baseia em três passos sobre os quais vamos falar mais nos próximos capítulos. São etapas que você pode aplicar em qualquer situação: descomplica, se liga e realiza!

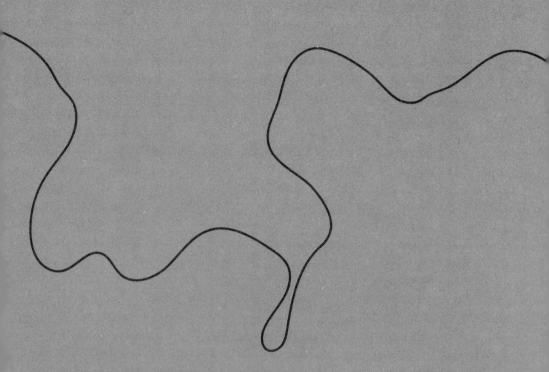

*É exatamente isto:
deixar claro, primeiro
para nós mesmas e
depois para os outros,
que, sim, a gente erra.*

MÃOS À OBRA

Para ajudá-la na sua jornada de autoconhecimento, desenvolvi uma entrevista que você fará consigo mesma. São perguntas poderosas que vão despertar o que há de melhor em você.

Anote as respostas nas linhas abaixo e releia-as todas as manhãs. A ideia é que você seja uma autoridade máxima a respeito de si mesma. Permita-se refletir sobre as respostas sempre que achar que deve responder de novo, ampliar as suas anotações e análises.

Vamos começar? Espero que você se divirta ao responder cada item. E que, ao fim da tarefa, esteja ainda mais apaixonada por si mesma do que antes.

1. Por que ou por quem você acorda todas as manhãs?
   _____

2. Que valores realmente movem sua vida?
   _____

3. Quais são os seus três maiores talentos?
   _____

4. Quais são os seus hobbies?
   _____

5. Qual é a sua comida predileta? E a bebida?
   _____

Sua vida, suas regras!

6. Qual é a sua cor favorita?

7. Quais são os seus livros prediletos?

8. Você prefere praia ou montanha?

9. Você se sente melhor em uma festa cheia de gente para conversar ou ao lado de três amigos de longa data, em uma mesa de bar, colocando o assunto em dia?

10. Qual foi a última vez em que você se sentiu orgulhosa de si mesma?

11. Que história da sua vida você gostaria de contar para a sua neta, se for avó algum dia?

12. Qual é o seu superpoder?

13. Por quais motivos você é grata?

14. Quem você ama?

15. Quem ama você?

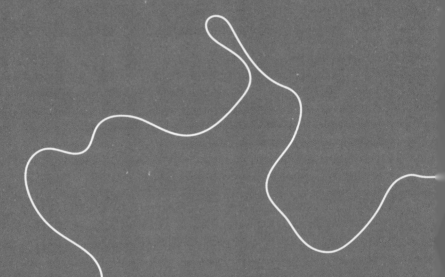

CAPÍTULO 5:

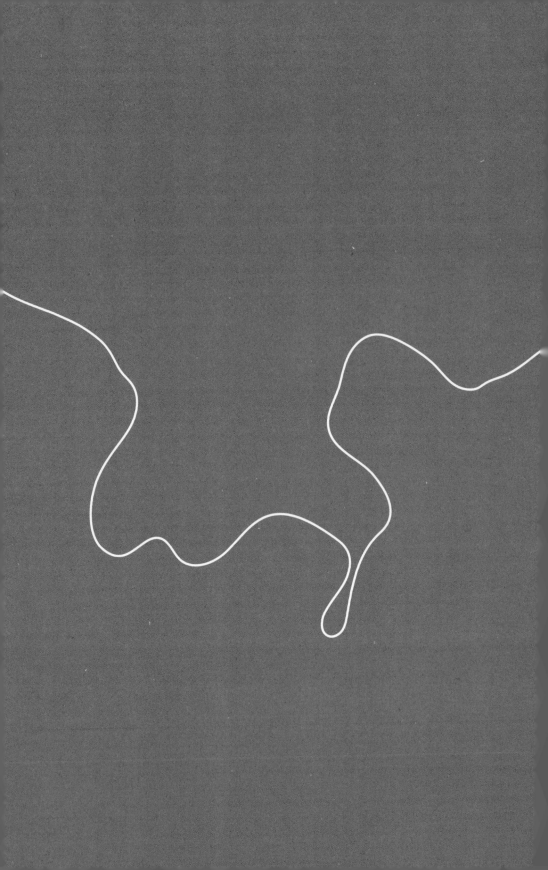

o longo do tempo, nós mesmas vamos colocando diversas barreiras em nosso caminho. Na minha avaliação, inúmeras são decorrentes das crenças que carregamos conosco desde a infância, muitas das quais nos limitam bastante. São tantos os fantasmas e medos que nos paralisam... E assim vamos deixando as nossas decisões nas mãos de outras pessoas.

Quer uma boa notícia? Não precisa ser assim. Você tem todo o direito à felicidade, basta escolher a leveza. Vamos conversar sobre isso neste capítulo e nos próximos.

Assumir o controle significa viver de acordo com as próprias regras, decidindo com consciência. E o que é melhor: desfrutando das consequências delas, não importando qual seja o resultado. Ninguém precisa ter o compromisso de acertar sempre. Permita-se errar, cair, sorrir, chorar, levantar. E isso aproveitando cada dia, estando no momento presente, saboreando cada minuto.

A coragem de se apaixonar por você

Assim, reprogramar pensamentos, sentimentos, comportamentos e pontos de vista sobre si mesma será o caminho para realizar muito mais, com menos esforço e mais liberdade.

ABAIXO AS FÓRMULAS MÁGICAS

Não existe magia nesse processo de descomplicar a vida. Eu até gostaria de vir aqui e receitar uma fórmula especial para você aplicar ao entrar no banheiro e, cinco minutos depois, sair de lá outra pessoa. Mas sabemos que não é assim que funciona.

Sempre digo às minhas clientes: se fosse fácil, todo mundo faria. É um processo repleto de desafios e barreiras para transpor, mas é por trás das situações mais desafiadoras que se escondem as melhores oportunidades de plenitude e abundância, aquelas que são experimentadas por poucos. Esteja certa de que lindas recompensas estarão à sua espera ao fim da jornada.

Essas conquistas estão reservadas para aquelas que têm coragem de se arriscar, de entrar na arena. E este é o compromisso que espero de você: respire fundo e tenha coragem de se assumir. Eu quero pegar na sua mão e, junto com você, suavizar sua travessia, criar um caminho para você chegar do outro lado, realizar os seus sonhos, tornar-se quem você escolheu ser.

Levei muitos anos da minha vida tentando ser a melhor, a perfeita, o exemplo inabalável, aquela que era referência em tudo. Foram tantos cursos,

Descomplica! Assuma o controle da sua vida

palestras, livros devorados... mas tudo fazia com que eu me sentisse cada vez mais distante de ser quem eu tanto desejava realmente ser.

Em determinado momento, percebi que não estava sendo a mãe perfeita, a melhor líder e muito menos a esposa-modelo. Confesso que isso me deixou mal por alguns dias. E que essa reflexão veio acompanhada de uma crise de estresse: fiquei sem conseguir mover o meu pescoço e com uma dor de cabeça insuportável por uma semana. Enquanto estava ali deitada, no escuro, porque só assim eu conseguia suportar o momento, me encontrei comigo mesma e tomei uma decisão: dali em diante, desisti de ser a melhor. E me comprometi a buscar a minha melhor versão todos os dias, me desafiar, descobrir o que me faz bem e desfrutar de cada instante daquele novo caminho.

Eu avisei que não seria fácil, não avisei? Mas calma: você não precisa chegar ao extremo a que cheguei. Para ajudá-la, desenvolvi esse método, que é um atalho para que você chegue mais perto, e mais rápido, da sua libertação, aquela que lhe vai permitir descobrir a felicidade em todas as etapas da sua vida.

Pronta para começar?

RESGATE A SUA ESSÊNCIA

Para, de fato, assumir o controle, você precisa saber em que território está entrando ou, melhor ainda, escolher em que território quer pisar. Afinal, antes de jogar qualquer jogo, você deve conhecer as regras.

A coragem de se apaixonar por você

E isso faz toda a diferença: se não estabelecermos um regulamento, um norte, não saberemos dizer por que estamos agindo desta ou daquela maneira. Todas as tarefas e atividades do dia a dia são as regras do desafio que escolhemos vencer. Sem a consciência de por que fazemos o que fazemos, essa disputa pode se tornar pesada, cansativa.

Em geral, colocamos muito foco e energia em tudo aquilo que precisamos fazer durante o dia. É claro que tudo isso é relevante, mas muito mais importante do que a tarefa é a pessoa que está realizando cada uma delas: você!

Passamos uma vida buscando no mundo lá fora as respostas para as nossas incertezas quando, na verdade, essas respostas estão dentro de cada uma de nós. A única saída, na minha avaliação, é olhar para o nosso interior.

QUANDO OS OLHOS BRILHAM

Fala-se muito em usar a razão para tomar decisões, mas, em matéria de vida e felicidade, a melhor saída é ouvir o próprio coração. Reacender suas vontades, relembrar o que faz seus olhos brilharem, o que a faz gargalhar e a conectar com a sua essência. Passar uma vida tentando ser outra pessoa não vai levar você a lugar nenhum. Ou melhor, até vai, mas pode ser um lugar de dor e tristeza.

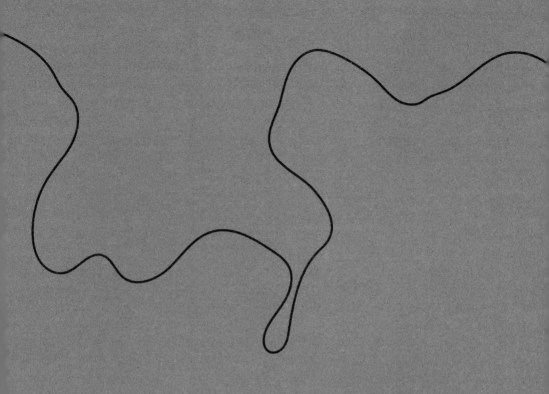

Todas as tarefas e atividades do dia a dia são as regras do desafio que escolhemos vencer. Sem a consciência de por que fazemos o que fazemos, essa disputa pode se tornar pesada, cansativa.

A coragem de se apaixonar por você

Converso com algumas mulheres que se sentem incomodadas em falar sobre si mesmas. Muitas parecem paralisadas quando me ouvem dizer "Agora me fale sobre você". Pense um pouco: se você não for a maior especialista em si mesma, quem mais será? Tudo importa: desde pequenas preferências, desejos, sonhos, valores, hobbies, cores, comidas, lugares, músicas.

Tudo isso faz transbordar a sua essência. Por esse motivo, apresentei-lhe, no capítulo anterior, aquela entrevista especial. Por falar nisso, você já respondeu tudo? Gostou da experiência? Foi agradável reler as respostas depois? Espero que sim. Tudo isso vai ajudá-la a dar um passo adiante, a descomplicar, de verdade, a sua vida.

Essa é a primeira etapa do nosso processo e seguimos avançando.

NÃO DEIXE PARA AMANHÃ
O QUE VOCÊ PODE VIVER HOJE

Você precisa estar presente e consciente para conseguir promover mudanças concretas. Aproveite o hoje, as coisas boas que o dia a dia pode proporcionar. Fique atenta a isso.

Ao começar a refletir sobre esse ponto específico, já aviso: vai ter drama! Sempre tem. E aqui me refiro àqueles cinco minutos que dedicamos a reclamar da vida quando alguém nos pergunta como estamos e se

Descomplica! Assuma o controle da sua vida

realmente sabemos aproveitar as dádivas que já nos foram concedidas até o momento, como ter saúde, trabalho, filhos e assim por diante.

Passado esse estágio inicial, lembre-se de que você é a única responsável pela sua felicidade. E que, se você mesma não fizer nada, ninguém mais vai fazer. Em outras palavras, chegou a hora de parar de reclamar e viver tudo de bom que está reservado para você. Quantas oportunidades deixamos passar porque não nos sentimos prontas ou temos medo?

E aqui vai uma das maiores lições que aprendi até hoje: se ficarmos paradas, esperando nos sentirmos 100% preparadas, esse dia nunca vai chegar. Melhor ir com medo mesmo e realmente fazer acontecer.

Na primeira vez que estiver fazendo alguma coisa, tenha como meta simplesmente fazer – não crie expectativas de perfeição. Digo isso porque muitas mulheres se escondem atrás do perfeccionismo. Tenho a impressão de que algumas pessoas até gostam de citar essa característica nas entrevistas de emprego. No meu trabalho de *coach*, já acompanhei muitas mulheres que usavam esse ponto como desculpa para esconder o medo que tinham de se lançar, se expor, fazer acontecer de verdade. Sempre escuto as afirmações clássicas nas sessões de atendimento: "Sou tão exigente comigo mesma que abro mão de fazer muita coisa, afinal, não vou aceitar outro resultado que não a perfeição".

A coragem de se apaixonar por você

Agora é a minha vez de fazer a você o meu alerta de *fake news*: para que algo fique bom de verdade, basta ir aperfeiçoando com o tempo. Só alcança a excelência quem faz e refaz, começa tudo de novo e assim vai.

Certa vez uma cliente chamada Paula me pediu ajuda para começar a fazer apresentações importantes no trabalho, algo que a aterrorizava. De tão cruel consigo mesma, nunca gostava de nada do que produzia para apresentar aos colegas e superiores. Nas nossas conversas, mencionava a aflição que sentia ao se imaginar sendo ridicularizada no trabalho.

Paula era uma mulher com ótima formação. Aos 36 anos, a idade que tinha quando nos conhecemos, já era dona de um currículo invejável no qual constavam a graduação em uma universidade pública renomada e um MBA em uma instituição privada de ponta, além do emprego em uma multinacional até hoje considerada uma referência em sua área de atuação.

Você já passou por uma situação semelhante? Bom, vou falar aqui algumas verdades. Se é a sua primeira vez apresentando alguma coisa, sim, o seu desempenho pode não ser dos melhores. Mas e daí? Qual é o problema? Está tudo bem!

Todo início de jornada é assim mesmo, e não vale a pena se cobrar tanto. Depois de repetir a apresentação dez vezes, você certamente se sentirá mais confortável, mais satisfeita com o resultado.

Descomplica! Assuma o controle da sua vida

E digo mais: o medo de falar em público é dos mais comuns. Segundo uma pesquisa da Universidade Chapman,[28] nos Estados Unidos, realizada em 2014, apresentar-se para uma plateia foi a fobia mais citada entre os participantes, mais precisamente por 25,3% do total.

Em outro levantamento, dessa vez feito pelo jornal britânico *The Sunday Times*[29] com 2 mil pessoas, em 2013, o mesmo medo ficou em primeiro lugar entre os mais citados, superando, inclusive, o temor da morte.

Viu só como você não está sozinha no mundo? Pare de deixar para amanhã o que pode ser feito hoje. Estabeleça um compromisso: siga em frente, coloque em prática os seus projetos. Mas faça hoje, do jeito que der. Amanhã você aperfeiçoa.

Com os superpoderes[30] que tem, você há de dar conta do recado. Sempre digo às minhas clientes que as nossas habilidades especiais são aquelas nas quais somos muito boas. No que você é muito boa? Somos seres únicos, ninguém é igual a ninguém. Cada um de nós possui talentos e qualidades. Permita-se descobrir quais são os seus, aceitando

---

28 SMEDLEY, T. O medo de falar em público está te impedindo de subir na carreira? **BBC News Brasil**, 18 jun. 2017. Disponível em: https://www.bbc.com/portuguese/vert-cap-40099905/. Acesso em: 22 jan. 2021.

29 BURGESS, K. Speaking in public is worse than death for most. **The Sunday Times**, 30 out. 2013. Disponível em: https://www.thetimes.co.uk/article/speaking-in-public-is-worse-than-death-for-most-5l2bvqlmbnt/. Acesso em: 22 jan. 2021.

30 MIRANDA, G. Super Poderes??? Aonde eles estão? **Gisele Miranda**. Disponível em: https://www.giselemiranda.com/post/roz%C5%A1i%C5%99ujte-svoji-komunitu-na-blogu. Acesso em: 22 jan. 2021.

A coragem de se apaixonar por você

as inseguranças e indo além delas. Somente assim você conseguirá se destacar e acelerar seus resultados.

RECALCULE A ROTA

É fundamental ter clareza de onde você está e aonde quer chegar. Muitas vezes, temos tanto medo de tomar decisões, fazer escolhas e estabelecer planos que nos negamos o direito de mudar de ideia, de opinião.

Esta é a liberdade de viver: você sempre poderá corrigir a sua rota quando quiser. Se chegou até aqui e não está satisfeita com os resultados, mude tudo! Recalcule os seus passos.

Nesse processo, precisamos conversar um pouco sobre resiliência. Atualmente, fala-se muito no assunto. De fato, acredito que essa é uma das maiores habilidades que precisamos desenvolver, então vamos conversar um pouco sobre ela aqui.

Mas, para começar, o que é resiliência? É um conceito que vem originalmente da Física, uma característica dos corpos que voltam à sua forma original depois de terem passado por alguma deformação ou choque. Exatamente como acontece com o elástico, que a gente puxa, estica, desgasta e, quando o soltamos, logo volta para a forma original. Com as pessoas, é uma tendência natural para se recuperar ou superar com facilidade os problemas que aparecem. É uma questão de adaptação.

Estabeleça um compromisso: siga em frente, coloque em prática os seus projetos. Mas faça hoje, do jeito que der. Amanhã você aperfeiçoa.

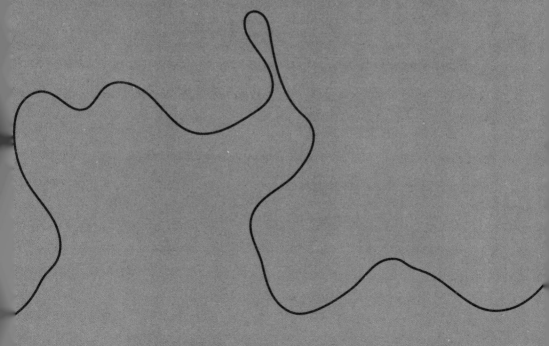

A coragem de se apaixonar por você

Assim, ser resiliente nos traz a leveza de não precisar estar certa a todo momento, de precisar ter uma opinião formada sobre tudo a toda hora.

Em *Sobreviver: instinto de vencedor,*[31] Claudia Riecken aponta algumas das principais características das pessoas resilientes: a habilidade de reconhecer que os problemas existem e buscar soluções para resolvê-los; saber agradecer os altos e baixos da vida, tendo jogo de cintura para lidar com eles; reconhecer fraquezas e erros, livrando-se da culpa; ter coragem e dar um novo significado às experiências; ser capaz de mudar a própria energia e se restaurar; ter a noção de persistir; saber lidar com os sentimentos; reconhecer o seu valor pessoal e gostar de si.

Ser resiliente, desenvolver essa capacidade de resistência e sobrevivência, é fundamental dentro do processo de mudança que proponho a você neste livro. Pense um pouco nisso. E tente lembrar-se dos momentos da sua vida nos quais foi capaz de dar a volta por cima, superando as dificuldades e saindo melhor delas. Você mesma ou as mulheres incríveis que conhece: mãe, tia, irmã, melhor amiga, chefa, colega de trabalho e assim por diante, todas vivenciaram uma transformação parecida.

Aqui lanço uma ideia: que tal conversar com as cinco mulheres mais importantes da sua vida e perguntar, a cada uma delas, qual foi o maior desafio que elas já superaram e como lidaram com isso? Tenho certeza de que as respostas vão surpreender você. Inspire-se na força

---

31 RIECKEN, C. **Sobreviver**: instinto de vencedor. São Paulo: Benvirá, 2012.

Descomplica! Assuma o controle da sua vida

das vencedoras que estão perto. Elas vão ficar felizes em falar de si mesmas, em compartilhar as situações nas quais tiveram que dar o melhor de si.

Digo isso porque os desafios nunca vão deixar de aparecer. É sempre assim, um depois do outro. E você vai passar por todos eles, como mulher consciente que é, fortalecendo-se mais e mais a cada dia.

MÃOS À OBRA

Para complementar todas as reflexões apresentadas neste capítulo, recomendo que você veja o seguinte vídeo. Nele, vamos falar sobre como você pode trabalhar melhor o seu bem-estar e a sua apresentação pessoal, lembrando que você é a sua marca. E que tudo começa com a paz, com o equilíbrio. Cuide de você!

Para acessar, basta usar o QR Code abaixo ou acessar https://youtu.be/L6jHmrjuNX0.

Se chegou até aqui e não está satisfeita com os resultados, mude tudo! Recalcule os seus passos.

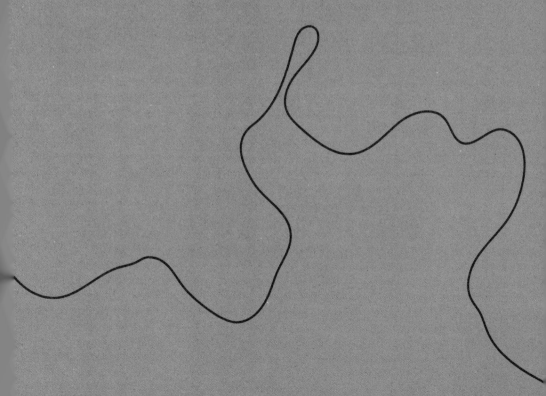

CAPÍTULO 6:

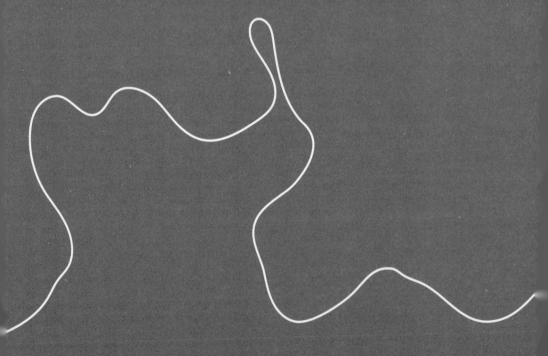

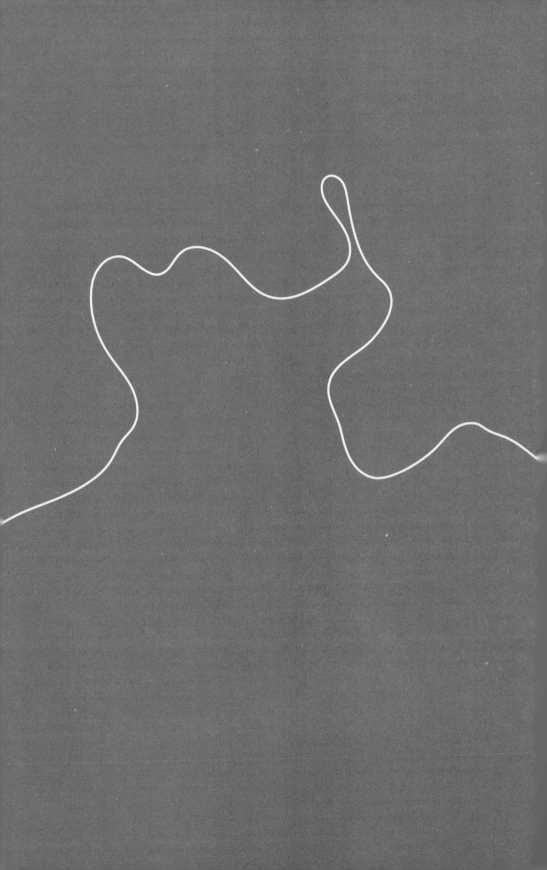

Agora que você já escolheu assumir o controle da própria vida, podemos passar para o próximo passo do método. Neste ponto, você precisa se preparar, se planejar para viver os seus sonhos, para realizar as suas metas.

Para começar, tenhamos consciência de que os pensamentos geram sentimentos, que, por sua vez, geram comportamentos, ou seja, ações. Por isso, não adianta começar o processo de mudança pelas atitudes, querendo agir de maneira diferente. Além disso, o nosso pensamento não consegue, por conta própria, mudar a realidade ao nosso redor. Isso porque o que está na mente apenas aponta a direção da transformação. Desse modo, o que faz tudo ser diferente é o sentimento. Essa é a base.

No livro *Como criar um novo eu*,[32] o pesquisador em neurociência Joe Dispenza compartilha um método para ajudar as pessoas a controlarem

---

32 DISPENZA, J. **Como criar um novo eu**. Lisboa: Lua de Papel, 2014.

A coragem de se apaixonar por você

a mente, sendo assim capazes de assumir suas vidas. Por isso, afirmo: as emoções podem nos trazer tristeza ou felicidade – a escolha é sempre nossa. Nunca se esqueça de que somos mente, corpo e coração. Avançamos na vida quando conseguimos alinhar essas três pontas. É o tal pensar, agir e sentir.

E acredite: o universo responde na mesma medida quando pensamos, agimos e sentimos de maneira sincronizada. Se vibrarmos amor e confiança, é exatamente isso que vamos ter. Reclamação e amargura também são devolvidas na mesma moeda, lembre-se disso.

Tenho uma amiga (e provavelmente você também) que toda segunda-feira começa um novo plano de reeducação alimentar... terminando na terça. Você sabe por que isso acontece? Na maioria das vezes, porque o foco está em mudar apenas a atitude, a ação em si, que no exemplo em questão era passar a comer de maneira mais saudável e nutritiva, regulando o peso com esse processo. Para mudar o cardápio de modo definitivo, é preciso trabalhar o próprio circuito interno, digamos assim, integralmente. Minha amiga deveria focar primeiro seu interior, trabalhando seus pensamentos e sentimentos antes de buscar a mudança de atitude.

Um processo de mudança, apesar de difícil, pode ser mais divertido e prazeroso do que você imagina. Não estou dizendo aqui que mudar é simples, apenas que não é impossível. Vamos analisar mais a fundo essas dificuldades. Será que sempre precisa ser assim?

Se liga! Sua vida muda quando você muda

A SOFREDORA

Eu não sei você, mas eu conheço várias mulheres que decidiram seguir novos rumos e hoje se sentem muito mais felizes. Uma delas, minha cliente, se sentia insegura, fazia terapia para tratar a ansiedade.

As sessões com a psicóloga estavam indo muito bem, mas ela só precisava se ligar a respeito de determinados pontos, ou seja, entender melhor quem era. Ao longo do trabalho de *coaching* comigo, depois de algumas conversas, ela reconheceu que sempre se colocou na condição de vítima. Felizmente, já estava cansada de ser vista como coitada.

O mais bonito desse processo foi quando percebeu que as pessoas estavam vendo exatamente o mesmo que ela via em si: a figura da sofredora, frágil e incapaz. Presa a essa personagem, ela estava distante da mulher que realmente era.

Quando se permitiu de fato se conectar com a sua essência, descobriu a grande mulher que era. Atualmente, sempre que alguém lhe pergunta se valeu a pena investir no autoconhecimento e dar a guinada que deu, ela responde: "Foi a melhor coisa que me aconteceu na vida".

Quando me divorciei, mãe de três filhos pequenos, tinha a sensação de que a minha vida tinha acabado. Os meses que se seguiram ao fim daquele relacionamento me mostraram que aquela reviravolta me permitiu um encontro maravilhoso com a minha melhor versão, com sentimentos e valores que estavam adormecidos. Veio tudo à tona – e foi muito forte.

A coragem de se apaixonar por você

Foi uma experiência que me trouxe a certeza do quão incríveis podemos ser. E isso sendo simplesmente quem somos, sem disfarces, sem amarras. Por isso, insisto: viva a vida segundo as suas regras, de acordo com o seu jeito.

Saiba que essa é a reflexão que quero apresentar a você, um caminho por meio do qual você vai aprender a se preparar para ganhar o jogo.

126 DESPERTE SEUS PODERES

Para mim, nossos poderes são todas as habilidades e características únicas que trazemos conosco. São nossos pontos fortes, nossos talentos. É com esse material tão valioso que eu recomendo que você passe a trabalhar. Aquilo que você tem de melhor é para ser usado; é assim que você há de vencer.

Proponho que você invista na própria transformação, que tire o foco do outro. É sempre mais fácil colocar a culpa no outro. Mas saiba que, seguindo nessa linha, você não vai conseguir avançar, nunca vai sair do ponto em que está.

Você é a única responsável pela sua vida. Se o outro a incomoda demais é porque você deu muito poder a ele. Entendo que aqui e ali todo mundo se sinta injustiçado, maltratado, chateado pelo parceiro, pelos pais, pelos irmãos, pelos amigos. Sim, a energia ruim do outro pode até nos alcançar, mas não há de ficar se não quisermos. Se você estiver

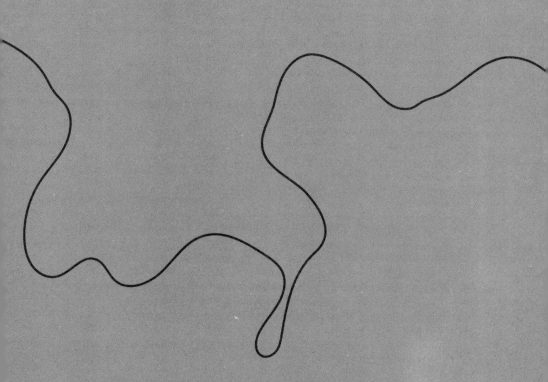

*Quando se permitiu
de fato se conectar com a
sua essência, descobriu
a grande mulher que era.*

A coragem de se apaixonar por você

alerta, consciente das suas atitudes e dos seus sentimentos, não carregará pesos que não são seus.

Por isso, quando a partida for começar, leve para o campo o que você tem de melhor. Pare de focar no que você ainda não é, no que falta desenvolver. Mude seu modo de ver as coisas e olhe para o que você já tem de melhor. Acredite em mim: essa é a estratégia mais eficaz para vencer os desafios diários.

Agarre-se àquilo que faz de você única. Somos todos diferentes e essa é a maior beleza da vida. Para investir na sua singularidade, no seu *login* no universo, como gosto de dizer, comece sendo uma especialista de si mesma.

Faça um inventário de todas as suas façanhas, das suas conquistas, olhe-se com amor, orgulho e acolhimento. Já pensou em escrever sobre si mesma? Em entrevistar a sua mãe, o seu pai, a sua tia, o seu companheiro e a sua melhor amiga para que eles lhe contem situações nas quais você os surpreendeu e encheu de admiração?

Munida de informação e plena de amor-próprio, sabendo quais são os seus pontos fortes, vai ficar mais fácil seguir adiante em busca da felicidade e de uma vida mais leve e cheia de significado.

OS TRÊS Rs DA FELICIDADE

Chegamos a mais uma etapa importante do nosso método, a descoberta dos três Rs da felicidade: ritual, ritmo e rotina. Eles vão ajudar

Se liga! Sua vida muda quando você muda

você a tornar seu dia a dia mais produtivo, por mais corrido que seja. Além disso, vão ensinar você a ser mais assertiva, fazendo mais e se esforçando menos.

Vamos começar? O ritual é aquilo que você vai escolher fazer todos os dias. Uma organização daquilo que precisa fazer dentro do tempo que tem. Eu tenho o meu e você logo terá o seu também.

Estamos falando aqui da forma como você "liga" o seu cérebro. Na prática, essa parte do corpo é uma máquina, como um computador que deve ser ligado diariamente quando você vai começar a trabalhar. Ao apertar o botão, os sistemas vão sendo ativados, atualizados, com eventuais vírus sendo identificados e neutralizados. Se não cuidar bem da sua mente no início da jornada, pode ter problemas de desempenho depois.

Como eu faço? Acordo todo dia às 5h, 5h30, tomo um copo de água e faço meditação por quinze ou vinte minutos. Depois, faço alguma atividade física, leio um pouco e tomo café da manhã. Em seguida, vou para o trabalho. Esse é o meu modo de me preparar, de me conectar comigo mesma.

Beber água lubrifica o meu corpo e me faz sentir muito bem. A meditação, que muita gente pensa que é ficar parada sem pensar em nada – algo que não existe – foi feita exatamente para isso, para nos sentirmos em sintonia conosco. Já a atividade física me enche de energia, e a leitura me faz aprender, sendo para mim um momento de felicidade.

A coragem de se apaixonar por você

Percebe que eu escolho iniciar a minha rotina com atividades que me trazem bem-estar? Isso me ajuda em tudo e me sinto muito melhor do que me sentiria se apenas acordasse, tomasse um banho, uma xícara de café e saísse correndo.

Pois a partir de agora você vai, intencionalmente, começar a fazer todos os dias aquilo que lhe traz paz e energia. Comprometa-se, diariamente, de segunda a segunda, a qualquer hora. Pense com carinho no seu ritual, permita-se esse prazer. Da mesma forma você vai criar a sua preparação para a noite, se desligar aos poucos. Ensine ao seu sistema a hora de começar e a hora de parar.

E assim chegamos ao segundo R, o ritmo. Há dias em que você acorda iluminada e quer fazer cinquenta tarefas pendentes há meses. Em outros, não quer fazer nada, o que é completamente normal, pois a nossa energia não é a mesma sempre. E está tudo bem assim, aceitemos a nossa humanidade.

O importante é definir qual é o mínimo que você precisa cumprir para cada dia, o que vai ajudar você a não se sabotar e impedir que as tarefas virem uma bola de neve, um ciclo sem fim. Fique atenta ao seu ritmo. Assim, nos dias em que estiver se sentindo com disposição, faça muito. Nos dias em que não estiver a fim de nada, faça o mínimo. E tudo bem.

Ainda sobre o segundo R, uma regra é inegociável: faça, diariamente, alguma coisa por você. Qualquer coisa, até as mais simples: parar para ver

Se liga! Sua vida muda quando você muda

um vídeo de cinco minutos no YouTube, folhear uma revista, comer um bombom sozinha.

Por fim, o terceiro R: rotina. Aqui, basta repetir o que foi estabelecido para o ritual e o ritmo. É preciso automatizar essas suas novas atividades cotidianas. De repente, de tão incorporadas à sua rotina, elas vão ser praticamente como escovar os dentes para você. Não vão demandar esforço algum, pelo contrário: você vai passar a realizar mais de maneira mais simples.

Os três Rs serão seus aliados, vão ajudar a aumentar a sua produtividade e promover mais bem-estar e felicidade em seu dia a dia.

APRENDA A LIDAR COM AS EMOÇÕES

Todas as emoções que sentimos são importantes e têm uma função, uma razão de existir. Não existe nenhum problema em sentir aquilo que você sente. Muitas vezes achamos que ser forte é não sentir medo ou tristeza, por exemplo. Na minha avaliação, o melhor caminho é nos concentrarmos em três passos: saber reconhecer o que estamos sentindo, acolher a nossa emoção e decidir qual é a outra que queremos colocar no lugar.

Precisamos de todas elas: do medo, da alegria, da tristeza, da raiva, do nojo, dentre outras. Cada uma delas é importante em determinada

A coragem de se apaixonar por você

situação. As emoções nos protegem, nos impulsionam, nos fazem olhar para nós e assim ter a chance de mudar o que não está bom. São nossas companheiras e não devem ser ignoradas.

Por isso é tão importante saber lidar com elas, descobrir boas ferramentas nesse sentido. Se acordei para baixo, desanimada, em vez de brigar comigo mesma porque não deveria estar assim, paro e presto atenção a essa sensação, ao que está acontecendo. Somente quando me acolher sem julgamentos conseguirei, aos poucos, assumir o controle da minha torre de comando. Em seguida, analisarei como voltar a sentir alegria e mudarei o meu estado de ânimo.

Você sabe como transformar o seu? O autoconhecimento vai lhe dar as melhores pistas. Pode ser chorar um pouco para ficar mais leve, ouvir um forró (ou um samba) daqueles clássicos, bem bonitos, abrir um álbum de fotos de alguma viagem muito especial, fazer uma oração, acompanhar uma meditação guiada mesmo que seja curtinha, reler mensagens carinhosas que você já recebeu dos amigos e assim por diante. Descubra aquilo que a faz se sentir bem – você tem total autonomia para lidar com as suas emoções.

Apenas pergunte-se: o que estou sentindo? Como quero me sentir?

Para a psicóloga e professora estadunidense Barbara Fredrickson,[33] a chamada positividade, o sentir-se bem, está relacionada principalmente

---

33 DEVEER, E. Psicologia positiva, emoções positivas. **Ernesto de Veer Coaching**, 21 mar. 2019. Disponível em: https://deveercoaching.com.br/emocoes-positivas/. Acesso em: 4 fev. 2021.

*Todas as emoções que
sentimos são importantes
e têm uma função,
uma razão de existir.*

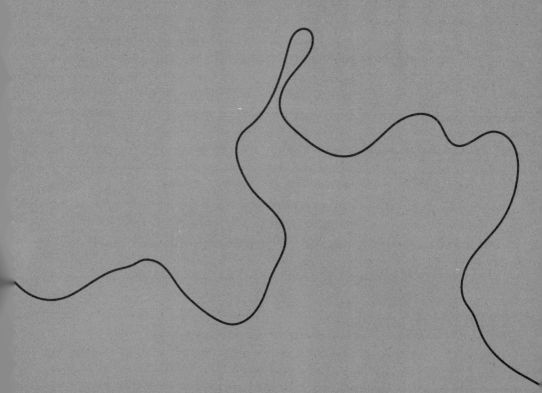

A coragem de se apaixonar por você

à alegria, à gratidão (vamos falar mais sobre ela no próximo capítulo), à serenidade, ao interesse pela vida e pelo novo, à esperança, ao orgulho que vem da sua realização, das suas conquistas, à diversão, à inspiração, à admiração e ao amor, fonte maior de todas as emoções positivas.

Segundo Barbara, o nosso cérebro é programado para dar mais atenção às emoções negativas por uma questão de sobrevivência, para que permaneçamos alertas em determinadas situações. Apesar disso, sempre temos a possibilidade de ativar e desativar os nossos comandos da positividade. Tudo depende de como avaliamos os fatos, basta que sejamos capazes de mudar o foco.

É aí que entra o conceito de inteligência emocional, que ficou conhecido em todo o mundo com o lançamento do livro de mesmo nome,[34] escrito por Daniel Goleman. Para o autor, os cinco pilares da inteligência emocional são: conhecer as próprias emoções, controlá-las, saber se motivar (praticar a automotivação), ter empatia e saber se relacionar com os outros.

Compreendendo essas bases, você logo vai entender os benefícios de prestar atenção a tudo aquilo que sente. É simples? Nem sempre, pois somos desafiados todos os dias. Mas esteja certa de que a sua vida vai melhorar a partir do entendimento disso tudo. Você se tornará mais feliz, produtiva e autoconfiante. Boa sorte!

---

34 GOLEMAN, D. **Inteligência emocional**. Rio de Janeiro: Objetiva, 1996.

MÃOS À OBRA

Faça uma faxina interior. Escreva uma lista de mágoas e ressentimentos que você está guardando ou de lembranças que lhe despertam emoções negativas, como raiva, frustração etc.

Depois, rasgue o papel enquanto repete em voz alta: "Estou abrindo espaço para coisas novas e maravilhosas na minha vida".

Faça outra lista com as coisas maravilhosas que você quer que aconteçam e leia tudo uma vez por dia durante uma semana.

CAPÍTULO 7:

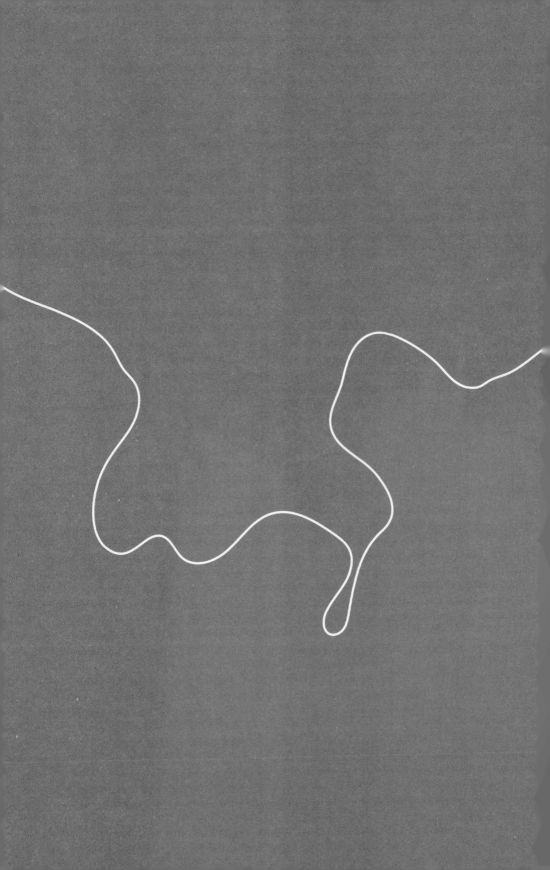

Hora de arregaçar as mangas e de fazer um planejamento eficiente e assertivo que vai, de fato, concretizar uma mudança na sua rotina. Com um bom plano de ação, você ganhará tempo e dinheiro, vivendo muito melhor.

Quando falo que é possível realizar mais com menos esforço, muitas das minhas clientes me questionam e dizem não ver possibilidades nesse sentido. Normalmente me contam que já se esforçam demais.

Sim, eu sei que, muito provavelmente, você vai dormir esgotada todos os dias. E que tem uma rotina que começa entre as 5 e 6 horas da manhã e vai até as 10 ou 11 horas da noite.

Antes de tudo, tenha em mente que estar ocupada durante todo o dia não quer dizer que você está sendo totalmente produtiva. A verdade é que a gente se enche de tarefas não necessariamente importantes, fica pensando no que ficou para trás, naquilo que esquecemos de fazer.

A coragem de se apaixonar por você

Tudo isso nos toma muito tempo, muita memória do nosso sistema, digamos assim —além de muita energia.

No fim das contas, terminamos a nossa jornada diária cheias de culpa, com a sensação de que não fizemos nem metade do que podíamos ter feito.

E como a gente faz para resolver isso? Como podemos melhorar? Seguindo a recomendação citada no início deste capítulo: com um planejamento de vida, de tempo e de dinheiro. Sem isso, todas as horas serão usadas para correr atrás do relógio, sem nenhuma realização de fato.

Entendo que mudamos um tanto depois de ter filho (a maioria das mulheres que eu conheço, a começar por mim, mudou), que os nossos desejos e nossas ambições materiais frequentemente passam a envolver aquilo que consideramos que seja o ideal para eles: uma boa escola, passeios no fim de semana, livros, brinquedos no aniversário, no Natal e no Dia das Crianças.

A todas as mães que colocam esses pontos como fatores limitantes para dar uma guinada na carreira e fazer aquilo que realmente faz seus olhos brilharem, digo apenas que, na minha avaliação, elas deveriam escolher ser felizes e ponto.

Os recursos financeiros para arcar com todos os custos da criação dos pequenos, para oferecer a eles condições de se desenvolverem plenamente, tudo isso só poderá ser realizado se você tiver um planejamento muito

Realiza! Se a palavra tem poder, imagine a atitude!

eficiente, se for assertiva. Não dá para dormir e acordar fazendo a mesma coisa todos os dias.

Isso, para mim, é desligar o piloto automático, ir além do viver por viver. É preciso analisar a importância real de cada atividade realizada no seu dia, de cada plano seu.

O PRINCÍPIO DE PARETO

Nesta etapa do nosso processo, quero compartilhar com você uma ideia que, para mim, faz muito sentido: o Princípio de Pareto ou Princípio 80/20.[35] Vilfredo Pareto foi um economista italiano que defendia que 20% das coisas que você faz durante o dia são responsáveis por 80% dos resultados que você tem.

O pesquisador chegou a essa conclusão a partir da observação de que 80% dos italianos eram donos de 20% da riqueza da Itália. Com isso, constatou que 20% dos nascidos no país da bota respondiam pela maior parte do bolo.

Se pararmos para pensar, vamos descobrir que faz todo o sentido. Mas como aplicar esse conceito à nossa vida? Ao nosso planejamento?

---

35 TRAJANO, L. Você conhece o Princípio 80/20? Certamente ele faz parte do seu dia a dia e você pode ampliar isso. **JC**, 21 jun. 2020. Disponível em: https://jc.ne10.uol.com.br/colunas/dinheiro/2020/06/5613386-voce-conhece-o-principio-80-20--certamente-ele-faz-parte-do-seu-dia-a-dia-e-voce-pode-ampliar-isso.html. Acesso em: 3 fev. 2021.

A coragem de se apaixonar por você

Tempo e dinheiro, vale a pena lembrar, são recursos escassos. O dia só tem vinte e quatro horas; esse número não vai subir para trinta só porque você ainda tem muita coisa para resolver.

A mesma lógica vale para as finanças. Se não souber lidar bem com isso, descobrir como poupar e ampliar os seus ganhos, não vai conseguir fazer com que o seu dinheiro cresça e passe a trabalhar para você. Não seja escrava da cifra que aparece no seu extrato bancário, o que é um peso gigante para tanta gente.

Ainda sobre essa questão financeira e trabalho, gosto de reforçar o quanto acredito na noção de que, sendo nós mesmas, somos capazes de mudar o mundo. Nesse ponto, vale a pena refletir sobre o fato de que "o dinheiro segue a alegria", premissa destacada pela empreendedora Simone Milasas em seu livro *Alegria dos negócios*.[36] Para ela, nem todas as pessoas pensam na geração de dinheiro como um processo alegre, leve, divertido. E o que é pior: gastam tanto tempo preocupadas somente em manter aquilo que têm que não conseguem pensar que podem ganhar mais caso trabalhem com prazer. Em outras palavras, cuide da sua felicidade e a sua conta bancária tenderá a ficar mais recheada.

Percebe como tudo pode simplesmente fluir? O fundamental aqui é que você consiga fazer da sua jornada uma caminhada mais leve, mais livre. Defina o que é importante, detalhe quais são as suas prioridades.

---

36 MILASAS, S. **Alegria dos negócios.** Stafford: Access Consciousness Publishing, 2012.

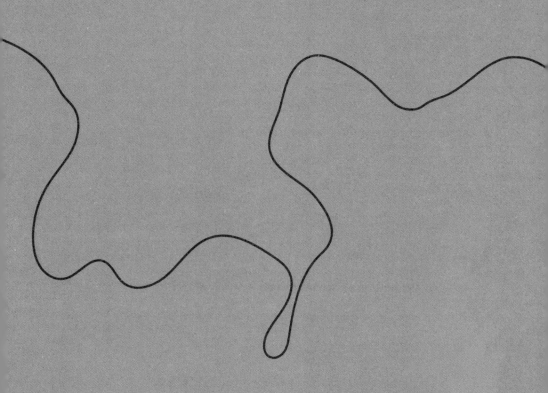

*É preciso analisar
a importância real de cada
atividade realizada no
seu dia, de cada plano seu.*

A coragem de se apaixonar por você

É importante também que pense em seus sonhos. Se você é do time que, depois que se tornou mãe, parou de sonhar, repense essa atitude. Preste atenção aos seus desejos mais secretos, àquilo que a faz sorrir, e você conseguirá resgatar a sua essência, a melhor parte de você.

Assim, permita-se dar asas à imaginação! Para onde você viajaria com a sua família se tivesse dinheiro para isso? Onde você quer estar daqui a cinco anos? E não venha me dizer que não tem tempo para pensar nisso. Chega de continuar ocupando-se, todos os dias, daquilo que não é relevante para você.

Quando cito a necessidade de fazer um planejamento, não estou dizendo que você deve passar horas sentada pensando no que fazer. É mais simples do que parece. Apenas responda às reflexões básicas propostas nesta nossa conversa:

- **Qual é a vida ideal para você?**
- **O que é, na sua opinião, um dia perfeito?**
- **Você ama o seu trabalho? Ou pensa em mudar de área?**
- **Como vê a si mesma no futuro?**
- **Você quer ter mais tempo para si e para a sua família?**

Organize a sua agenda, faça o tempo render. Registre isso tudo onde bem quiser: em uma agenda de papel, em uma virtual, em um aplicativo no celular... tanto faz. O que importa é você olhar para tudo o que precisa

Realiza! Se a palavra tem poder, imagine a atitude!

fazer e distribuir isso por dia, por semana, por mês. Você só precisa de foco e dedicação em 20% do seu tempo para ser bem-sucedida – não se esqueça do Pareto!

Gosto de lembrar as minhas clientes de que eu mesma já passei por todos esses processos, que tenho três filhos que hoje estão crescidos, saudáveis, bem formados. A despeito da minha culpa, da minha crença de não estar sendo boa o suficiente, eles estão muito bem. É por isso que não me canso de repetir: ninguém precisa se anular em nome do trabalho e da maternidade. Então, sim, é possível se sentir bem em todas as esferas da vida.

Tenho orgulho de hoje ser capaz de encurtar o caminho para você. Escolha ser feliz também. Aprenda a confiar em suas potencialidades. Garanto que funciona e que eu já vi ótimos resultados acontecerem com as mulheres que já se dispuseram a passar por esse processo de transformação. Para mim, é uma alegria lembrar-me da história de cada uma delas. Ficarei feliz ao recordar a sua também, quando você me contar tudo por e-mail ou por mensagem nas minhas redes sociais.

VALORIZE SUAS CONQUISTAS E DIVIRTA-SE

Enfim chegamos a um dos trechos mais agradáveis do processo aqui apresentado: o reconhecimento das suas conquistas. Uma característica da mulher que assume múltiplos papéis é estar sempre tão focada no

A coragem de se apaixonar por você

fazer, na execução das tarefas, que, depois de bater todas as metas, não tem energia para celebrar as próprias vitórias.

Estou falando de respeitar a si mesma. Celebrar cada passo da sua jornada ajuda a fixar o objetivo alcançado na mente. É como um rito de passagem: você apresentou um projeto importante no trabalho e ele foi aceito. Isso pode aumentar o seu reconhecimento na empresa, a confiança que seus superiores têm em você. Você pode subir de patamar, alcançar um novo nível profissional. Percebe a importância de reconhecer o valor de suas conquistas?

O mesmo vale para situações de âmbito pessoal e familiar. Se você emagreceu 10 quilos, compre um livro, uma roupa nova, uma joia ou uma bijuteria bonita para celebrar o feito. Se o seu filho que não conseguia estudar sozinho agora faz a lição de casa por conta própria antes das brincadeiras, orgulhe-se disso e vá almoçar fora com ele. Afinal, você levou horas e horas conversando com ele, preparando-o para ter mais autonomia.

Tudo isso vai aumentar a sua motivação, servir de combustível para que avance cada vez mais. Cada celebração vai ficar na sua cabeça como a lembrança de um objetivo atingido.

Não importa a ocasião: sendo um passo grande ou pequeno, simplesmente pare e celebre. Agir assim é honrar a sua história, dar significado para as suas atitudes. É o momento de fazer uma pausa e se orgulhar da saga que está escrevendo, do legado que está deixando para o mundo.

Realiza! Se a palavra tem poder, imagine a atitude!

Para o escritor Paulo Coelho,[37] "a comemoração marca o fim de uma etapa. Se a evitarmos – por incrível que pareça, muita gente evita por medo de decepção, de atrair 'mau-olhado' etc. – não estamos nos beneficiando do melhor presente que a vitória nos dá: confiança". Que tal começar a se valorizar mais?

Permita-se comemorar, sorrir, se divertir. Por muitas vezes, ainda estamos apegadas às crenças de que a vida adulta é só trabalho e reclamação.

Posso contar um segredo? Isso não é verdade. Por mais que os anos tenham passado, você tem o mesmo direito à diversão de quando era criança. Na infância, certamente seus dias não eram todos perfeitos: em todas as fases temos momentos ruins. A diferença é que uma criança não se apega a isso, tudo passa e ela pode, no minuto seguinte, brincar, rir de si mesma, sonhar. Faça o mesmo você também: não espere para ser feliz. Ouça uma música enquanto dirige, coma um biscoitinho da sorte (lembrei dele porque adoro as frases!), veja um vídeo engraçado no YouTube.

Como escreveu o jornalista Adriano Silva,[38] "ache o que lhe faz feliz. (Se não souber, descubra.) Saboreie. Reconheça. Repita. Se permita. Sem culpa. Isso é fundamental. Inclusive como combustível para atravessar o vale de agruras. Como alento necessário para a manutenção de sua

---

[37] COELHO, P. Celebre seus triunfos. **G1**, 30 mar. 2007. Disponível em: http://g1.globo.com/platb/paulocoelho/2007/03/30/celebre-seus-triunfos/. Acesso em: 4 fev. 2021.

[38] SILVA, A. Antídoto contra dias sombrios: valorize cada pequena conquista. **UOL**, 14 abr. 2020. Disponível em: https://adrianosilva.blogosfera.uol.com.br/2020/04/14/antidoto-contra-dias-sombrios-valorize-cada-pequena-conquista/. Acesso em: 4 fev. 2021.

saúde mental. Você não estará sendo menos responsável nem menos comprometido se se permitir alguns instantes de felicidade em meio à faina".

Quer mais motivos para se divertir? Aí vai mais um: sorrir ainda traz muitos benefícios para a pele e para a saúde.[39] Além de fazer bem para a mente, de mudar o seu estado de espírito, o sorriso melhora a elasticidade do tecido, combate as rugas e a flacidez e ainda por cima ativa a circulação do sangue. Tudo isso promove a hidratação da cútis, que vai passar a envelhecer mais devagar.

Quando você deixa a sua alegria transparecer no rosto, boa parte da musculatura dessa parte do corpo se movimenta. Não é uma ginástica facial maravilhosa? Eu sou adepta e recomendo – vale a pena experimentar.

PRATIQUE A GRATIDÃO

Pratique diariamente a gratidão. Pense em tudo o que aconteceu desde a hora em que você acordou até o momento de dormir. E eu não estou falando aqui exatamente dos nossos principais motivos nesse sentido, como estar viva, ter saúde e uma família amorosa, por exemplo, mas

---

39 SORRIR promove quatro benefícios à pele do rosto; conheça-os. **Terra**, 4 jul. 2012. Disponível em: https://www.terra.com.br/vida-e-estilo/beleza/sua-pele/para-sua-pele/sorrir-promove-quatro-beneficios-a-pele-do-rosto-conheca-os,2d13e2db3be48310VgnVCM20000099cceb0a RCRD.html. Acesso em: 4 fev. 2021.

*Quer mais motivos
para se divertir?
Aí vai mais um: sorrir ainda
traz muitos benefícios para
a pele e para a saúde.*

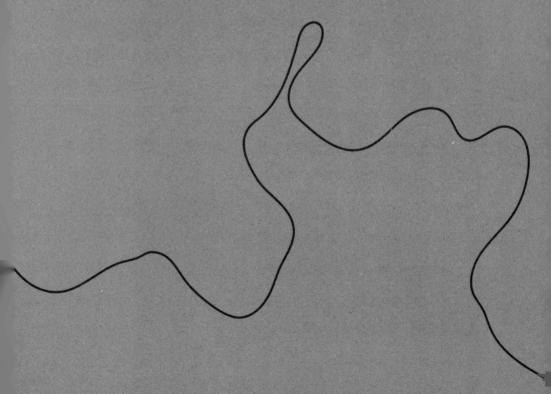

A coragem de se apaixonar por você

das coisas mais simples. É ter água nas torneiras, chuveiro quente para relaxar à noite depois de horas de trabalho, internet em casa para ver a sua série predileta após as crianças dormirem. Concentre-se no momento presente, em tudo de bom que você tem.

Quando estava montando o meu primeiro apartamento, ouvi uma frase do pintor que estava me ajudando. Ao conhecê-lo, perguntei sobre o seu trabalho e ele me disse que era um "fazedor de sonhos", alguém que tornava real o desejo de tanta gente que queria morar em um imóvel bonito, agradável.

Fiz questão de registrar aquele ensinamento valioso no meu diário da gratidão. Aquele homem sabia reconhecer o valor imenso do seu trabalho e era agradecido por isso. Foi um privilégio, para mim, estar ao lado dele.

Sobre o diário da gratidão, aliás, sugiro que você tenha o seu. Reserve um caderno ou um bloco de anotações bonito e escreva nele todos os motivos pelos quais você é grata. Faça isso do jeito que bem quiser: quando der vontade, todos os dias, aos sábados... você decide. O mais importante, para mim, é que você pense, apenas pense, de domingo a domingo, em tanta coisa boa que você tem ao seu dispor. Escrever você escreve quando vier a inspiração, tudo bem.

Por que estou batendo tanto nessa tecla? Por já estar provado que o reconhecimento por aquilo que se tem é terapêutico e nos faz muito

Realiza! Se a palavra tem poder, imagine a atitude!

bem. Um estudo feito na Universidade de Indiana,[40] nos Estados Unidos, publicado em 2016, ilustra bem esse impacto positivo.

A pesquisa foi feita com 43 pessoas, homens e mulheres de idades variadas e que, naquele momento, tratavam a depressão e outros distúrbios ligados à ansiedade. Desses 43 participantes, 22 foram submetidos a três sessões por semana nas quais eram orientados a escrever cartas para expressar a própria gratidão. E isso por tudo: pelo dia que tiveram, pelo chá que beberam, pelo amigo que encontraram na rua.

Ao fim, a conclusão: aqueles que adotaram o hábito de agradecer ativaram determinada área do cérebro que os ajudou a tratar seus problemas com mais tranquilidade.

O autor de *Agradeça e seja feliz!*,[41] o psicólogo estadunidense Robert A. Emmons, também defende a ideia de que a prática do agradecimento reduz as emoções tóxicas das pessoas, o que traz mais felicidade. Como isso acontece? Ao dizermos obrigada, liberamos no organismo a dopamina, um neurotransmissor capaz de gerar bem-estar e prazer.

Outro psicólogo dos Estados Unidos, Abraham Maslow, coordenou experimentos[42] para tentar entender o efeito por trás da palavra "obrigado" e seus benefícios. Assim, ele identificou que a capacidade

---

40 RANIERI, G. O poder da gratidão. **Vida Simples**, 13 mar. 2019. Disponível em: https://vidasimples. co/ser/o-poder-da-gratidao/. Acesso em: 4 fev. 2021.

41 EMMONS, R. A. **Agradeça e seja feliz!** Rio de Janeiro: BestSeller, 2009.

42 A IMPORTÂNCIA da gratidão. **IBC**, 16 jul. 2020. Disponível em: https://www.ibccoaching.com. br/portal/a-importancia-da-gratidao/. Acesso em: 4 fev. 2021.

A coragem de se apaixonar por você

de expressar a gratidão é muito importante para a nossa saúde mental, para o equilíbrio das emoções. Maslow descobriu ainda que aqueles que agradecem com frequência por aquilo que têm são mais felizes.

Tente fazer isso em casa. Guarde o que for bom, reconheça todas as dádivas que estão diante de você neste momento. Tenho certeza de que esse novo modo de ver as coisas vai ajudá-la a ter uma vida mais leve e descomplicada.

MÃOS À OBRA

Para ajudar você a se organizar, a ter o seu planejamento, baixe aqui o Planner da Mulher Fodástica, que preparei especialmente para você. Para acessar, basta usar o QR Code abaixo ou acessar https://www.giselemiranda.com/audio.

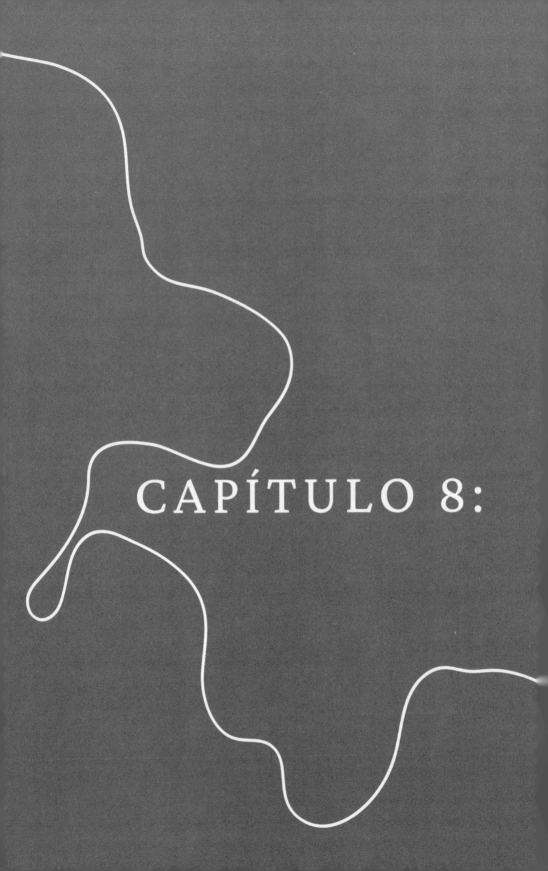

CAPÍTULO 8:

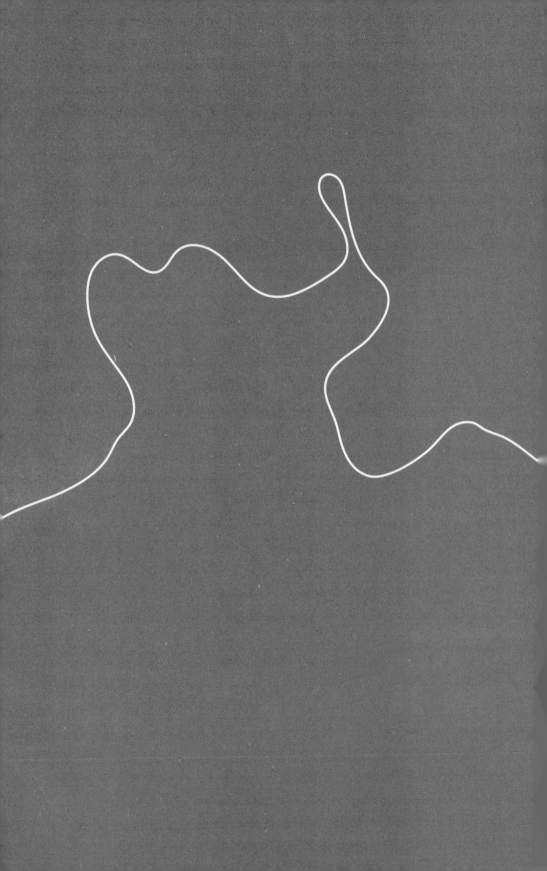

A vida, sabemos, não é maravilhosa todos os dias. Muito menos perfeita. Por isso gosto tanto de citar a Brené Brown. Segundo a assistente social, professora e pesquisadora da Universidade de Houston, nos Estados Unidos, é preciso aprender a assumir as próprias responsabilidades. E caminhar rumo à descoberta da nossa melhor versão.

Segundo ela, queremos ser perfeitas para fugir da crítica e do julgamento. Temos medo disso tudo e, no fundo, só queremos nos defender.[43] Faz sentido para você? Você também se sente usando um escudo pesado para parecer mais forte, para que ninguém a machuque?

Antes de saber tudo o que sei hoje, de ter aprendido tudo o que aprendi, eu era exatamente assim. Não encarava a minha vulnerabilidade, não me dava o

---

43 AQUINO, M. Vulnerável, sim. **Trip**, 3 set. 2019. Disponível em: https://revistatrip.uol.com.br/tpm/brene-brown-do-ted-o-poder-da-vulnerabilidade-fala-da-importancia-de-se-reconhecer-imperfeito/. Acesso em: 10 fev. 2021.

A coragem de se apaixonar por você

direito de falhar. Felizmente, esse tempo passou. Entendi que felicidade também é resolver problemas. Um sinal de que estamos vivas e somos capazes de evoluir, de amadurecer lidando com as mais variadas questões.

Mesmo diante de tantos tropeços e conflitos, eu me sinto em evolução. E gosto dessa sensação. Tenho a consciência de que ser feliz não é estar segura de que tudo vai dar certo, mas de que tentei, fiz o meu melhor e... paciência. Aprendi a me libertar dos pesos e a desfrutar do caminho. Se eu fiz o que pude, está tudo como deveria estar, basta seguir avançando sem desistir de realizar meus sonhos. Ou caminhar na estrada da felicidade, como gosto de dizer.

Acredite que você pode ser feliz, descubra quais são as suas maiores habilidades e coloque-as em prática. Você já parou para pensar nisso? Já escreveu qual é a sua missão na vida? Faça exatamente como as empresas, que registram em algum lugar bem visível para que funcionários e visitantes não possam ignorar.

Sim, você pode fazer a diferença na vida de muita gente, independentemente do que faça, de qual seja a sua profissão. E tudo isso ainda se dando o direito de chorar, sentir dor, sofrer, se entristecer, se magoar, se frustrar, mas sempre sendo capaz de se levantar, ficar em pé e recomeçar. Reconstruir, seguir em frente.

Se você vencer as suas desculpas, se conseguir se convencer de que merece ser feliz, se focar naquilo que deseja, sem ligar para a opinião dos outros, não há dúvida de que as suas metas se tornarão realidade.

Conduza a sua vida para a felicidade

Lembre-se: a felicidade está no caminho, na própria busca. E quando a tristeza chegar, é hora de acolher a emoção e lembrar que um sorriso e um café ou chá mudam tudo.

PRIORIZE O QUE REALMENTE IMPORTA

Liberte-se daquela sensação de que é preciso dar conta de tudo o tempo todo. Faça escolhas! Selecione o que realmente importa naquele momento, pois é exatamente aí, nessa separação do que é ou não prioridade, que você precisa se concentrar para as coisas darem certo.

Fala-se muito sobre o equilíbrio, mas o que a vida nos ensina a cada dia é a arte do desequilíbrio. Não espere uma jornada linear, com todos os pontos sob controle, pois isso é totalmente impossível.

Para equilibrar todas as suas demandas, você precisa dar foco e atenção ao que é mais urgente a cada dia. Ou seja, esteja atenta e perceba onde você deve colocar sua energia e atenção hoje. Amanhã é outro papo; novas prioridades podem entrar em cena. Se na segunda-feira é o caso de se dedicar mais ao trabalho, concluir um projeto importante, tudo bem fazer hora extra. Na terça pode ser o dia da feira de ciências do seu filho na escola e, claro, nada a impede de negociar para sair mais cedo do trabalho e prestigiar o pequeno. É assim que funciona.

A coragem de se apaixonar por você

A sua vida não deve ser classificada como uma bagunça total se você deixar para amanhã o que é impossível encaixar nas vinte e quatro horas de hoje. Você é livre para escolher, o que é maravilhoso.

Mantenha o seu planejamento sempre à disposição e nele escreva prioridades, prazos e datas importantes. O restante você encaixa como der, quiser, couber no seu dia. Sua agenda, suas regras, vamos pensar assim.

Eu sei que as tarefas nunca acabam, pois comigo também é assim. O dia começa com uma lista de quinze itens e termina com 25. Ao invés de diminuir, aumenta. O que eu quero que você entenda é que o importante não é a quantidade de afazeres a cumprir, mas você ter clareza de quais são as suas prioridades.

Em *O que realmente importa?*,[44] Anderson Cavalcante defende a ideia de que não devemos viver a vida apenas deixando o tempo passar, mas ter objetivos, foco, sendo capaz de rever tudo sempre que acharmos necessário.

Para o autor, não viemos ao mundo a passeio, mas para colocar em prática uma determinada missão, o que deve ser o combustível de cada um, a energia necessária para seguir. Nesse sentido, Cavalcante recomenda que não nos desviemos da nossa essência, ponto sobre o qual já conversamos bem no começo deste livro, lembra?

---

44 CAVALCANTE, A. **O que realmente importa?** Rio de Janeiro: Sextante, 2012.

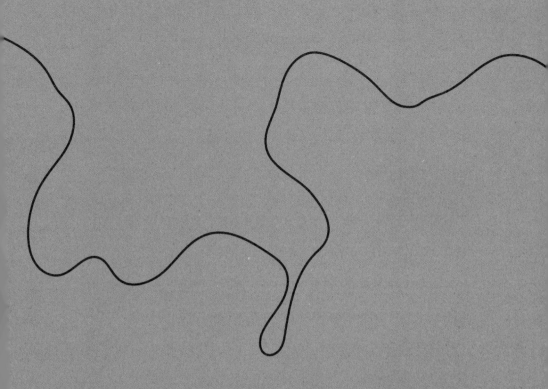

Tenho a consciência de que ser feliz não é estar segura de que tudo vai dar certo, mas de que tentei, fiz o meu melhor e... paciência.

A coragem de se apaixonar por você

Acima de tudo, devemos estar concentrados na nossa evolução, não aceitando nada menos do que o melhor para nós a cada contexto, a cada momento.

TUDO BEM SE VOCÊ ERRAR. RECOMECE!

Já ouviu aquele ditado que diz que a prática leva à excelência? Pois é, se temos uma certeza na vida é a de que vamos errar. Somente assim, de tropeço em tropeço, será possível descobrir o caminho para acertar. Concentre-se em fazer!

Aprenda com os erros. Tudo o que lhe trouxer aprendizado não é sinal de fracasso, mas de crescimento. Extraia a melhor lição que puder daquele erro e certamente será diferente na próxima vez, porque você já descobriu muitas coisas que não sabia antes.

Entenda de uma vez por todas que o conselho que você dá para suas amigas e seus filhos sobre a importância de recomeçar de cabeça erguida a cada nova tentativa, também se aplica a você.

Na minha jornada de autoconhecimento, me dei conta de que não dedicava a mim mesma o mesmo acolhimento que as minhas amigas recebiam de mim. Se elas podiam errar, por que eu não podia?

Foi aí que aprendi uma série de pontos importantes sobre a angústia do perfeccionismo.[45] Muitas vezes, essa ânsia existe para aliviar um

---

45 LEILA. A angústia do perfeccionismo. **Centro de Valorização da Vida** [s.d.]. Disponível em: https://www.cvv.org.br/blog/a-angustia-do-perfeccionismo/. Acesso em: 10 fev. 2021.

Conduza a sua vida para a felicidade

eventual medo de não ser amado se não for perfeito. Daí o pavor de receber críticas. É importante refletir sobre isso, pode ser terapêutico. Mais ainda, pode ser o primeiro passo para todo um processo de libertação.

O PRAZER DE ESTAR COM QUEM VOCÊ AMA

Se o assunto é felicidade, não podemos deixar de destacar os relacionamentos, a importância de estarmos perto de quem amamos. E, claro, de cultivar relações saudáveis.

Para Martin Seligman, professor e psicólogo da Universidade da Pensilvânia e uma referência na área da psicologia positiva,[46] os relacionamentos estão entre os mais importantes componentes da felicidade. Isso porque fomos programados para essas ligações sociais. Segundo ele, quando isso acontece de maneira leve, sincera e amorosa, tendemos a sentir mais emoções positivas, como amor, afeto e gratidão. Assim, conseguimos vivenciar mais senso de propósito na vida.

Um modo muito bonito de nos ligarmos uns aos outros, ainda de acordo com o psicólogo, é por meio da empatia. Quando começamos a desenvolver essa habilidade, lá no começo da vida, somos tomados por fortes relações de apego, adquirindo uma base de afeto que sempre estará conosco.

---

46 BUENO, H. **Construindo relacionamentos positivos**. 9 out. 2019. Disponível em: https://henriquebueno.com.br/artigos/construindo-relacionamentos-positivos/. Acesso em: 15 abr. 2021.

A coragem de se apaixonar por você

Para prestar mais atenção ao modo como você se relaciona com quem está ao seu redor, recomendo que observe alguns pontos, como ser curioso em relação aos outros, ir além dos preconceitos e buscar semelhanças, experimentar se colocar no lugar do próximo e praticar a escuta ativa.

Outra dica que eu levo muito a sério é manter a proximidade com quem me faz bem. É estar com os meus filhos sempre que posso, naquela lógica do tempo de qualidade sobre a qual já falamos, manter contato com os amigos queridos, conversar com os familiares com quem mais me identifico. Se deu saudade de alguém, não espere que a pessoa a procure ou não suponha que vai incomodar: ligue, mande uma mensagem, combine um encontro, nem que seja virtual (devido à pandemia de covid-19). Mas faça contato, renove as suas energias.

Para mim, o desejo de ser feliz inclui a felicidade dos outros. O prazer de estar perto de quem amo faz tudo valer a pena, dá realmente sentido à minha vida. E digo mais: amar é um verbo que precisa de ação. Transborde seu amor, compartilhe bons sentimentos. Ame e permita-se ser amada!

UM ESTADO MENTAL

Gosto de compartilhar com as minhas clientes e com todas as mulheres que estão ao meu redor a noção do ser feliz como um estado mental, algo que nasce primeiro dentro de nós e que precisa ser vivido. Esse é um conceito

Conduza a sua vida para a felicidade

apresentado pelo iogue e guru indiano Paramahansa Yogananda, autor de *Como ser feliz o tempo todo*.[47]

No livro, ele destaca que a felicidade é mais fácil de se achar do que pensamos. E que é possível aprender a ser feliz em qualquer circunstância, afinal, as bases para isso estão dentro de nós. É o contentamento interior independentemente dos cenários externos, do que acontece do lado de fora.

Segundo ele, isso é possível a partir de um núcleo de paz interna, de contentamento. Um estágio avançado de autoconhecimento e amor-próprio que nos leva a entender que somos valiosos e capazes de lidar com qualquer desafio.

Prepare a sua mente para isso, confie em si mesma, reprograme o que não foi programado como poderia ter sido. E você vai ver como tudo começará a fluir.

Com o objetivo de trabalhar para melhorar o seu modo de pensar, existem muitos métodos terapêuticos. Deixo aqui uma técnica muito simples, apresentada pelo empresário Eduardo Volpato em seu livro *Atitude positiva diária*.[48] A prática pode ser feita a qualquer momento e não requer muito preparo: a autossugestão por meio de frases positivas.

Segundo o autor, basta criar uma frase que expresse aquilo que você deseja realizar ou melhorar em você. Uma sentença sem palavras

---

47 YOGANANDA, P. **Como ser feliz o tempo todo**. São Paulo: Pensamento, 2008.

48 VOLPATO, E. **Atitude positiva diária**: os segredos para guiar a sua mente e ir em direção a uma vida de riqueza, saúde e sucesso. São Paulo: Gente, 2020.

A coragem de se apaixonar por você

negativas como "não" ou "nunca". E repetir três vezes ao dia, por sete vezes, ao acordar, perto da hora do almoço e à noite, logo antes de dormir.

Exemplo: se você quer se libertar do peso da perfeição, por exemplo, pode usar algo como "Eu me amo, eu me acolho, me liberto das cobranças internas e externas e sou feliz assim". Ou: "Sou maravilhosa e me amo exatamente do jeito que sou", "Sou eu mesma em tudo o que faço e sou muito bem-sucedida por isso", "Eu me liberto dos medos e do peso da perfeição" e o que mais você quiser.

A autossugestão é sua, é você quem deve criá-la. O importante é que ela seja uma afirmação do seu desejo já realizado. E você nem precisa falar em voz alta se não quiser, pode repetir as frases apenas na sua cabeça, sem ninguém ouvir.

Com a prática, aos poucos você vai se reprogramando, tirando da mente aquilo que não lhe serve mais. Muito básico e muito poderoso — pode usar sem moderação.

LIBERDADE, LIBERDADE

O importante é que você descubra o que faz você feliz. Sempre do seu jeito, sendo quem é, livre das amarras que um dia a aprisionaram. Em *Liberdade, felicidade e foda-se!*,[49] a antropóloga brasileira Mirian

---

49 GOLDENBERG, M. **Liberdade, felicidade e foda-se!** São Paulo: Planeta, 2019.

E digo mais: amar é um verbo que precisa de ação. Transborde seu amor, compartilhe bons sentimentos. Ame e permita-se ser amada!

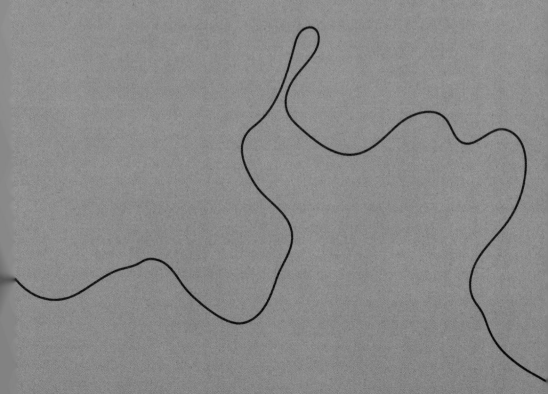

A coragem de se apaixonar por você

Goldenberg debate exatamente esse ponto, a necessidade de sermos quem somos, de nos libertarmos, vivendo sem nos preocuparmos com a opinião dos outros. Ela destaca o fato de que muitas pessoas no Brasil, principalmente as mulheres, só encontram esse ponto de alegria e autoaceitação na velhice, depois de cumpridas missões como a criação dos filhos, cuidados com a família e desenvolvimento profissional. Ou na juventude, quando ainda não se sentem tão pressionadas.

Já as pessoas menos felizes, segundo a autora, são aquelas que estão no meio do caminho, entre os 40 e os 50 anos. Qualquer semelhança não terá sido mera coincidência, não é?

No que depender de mim, você não vai precisa esperar nada para se sentir livre de fato. É tudo uma questão de escolha, de encontrar a felicidade exatamente no ponto em que está. Pense no valor do hoje, traga-se de volta para o presente. E nele descubra o que garante o seu sorriso.

Para abandonar o vício de remoer o passado de um lado e sofrer por antecipação do outro, você pode investir em atividades variadas. Vale a pena meditar (mesmo que por poucos minutos), ler um livro daqueles que a gente não consegue soltar, brincar com uma criança. Os pequenos, aliás, são mestres em nos trazer para o aqui e agora, pois se jogam nas brincadeiras e as vivem com toda a intensidade, como se nada mais existisse no mundo.

Conduza a sua vida para a felicidade

Usufrua das coisas mais simples, abra-se para o novo, aceite-se como você é, não se culpe, não se esqueça de se divertir, escolha o assunto em que pensar ao se deitar para dormir, seja a sua fã número um. E, como recomenda o psicólogo estadunidense David Niven em *Os 100 segredos das pessoas felizes*,[50] lembre-se: "Não é o que aconteceu, é o modo como você pensa sobre o que aconteceu. [...] O seu julgamento é a única forma de dizer se a sua vida é bem-sucedida".

Seja generosa consigo mesma. E trate de aproveitar cada trecho da sua caminhada em paz e pronta para dar e receber amor. Que não falte felicidade na sua jornada. Vamos em frente!

---

50 NIVEN, D. **Os 100 segredos das pessoas felizes.** Rio de Janeiro: Sextante, 2002.

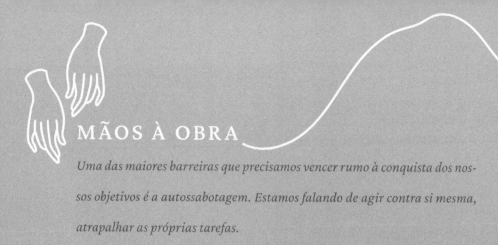

MÃOS À OBRA

Uma das maiores barreiras que precisamos vencer rumo à conquista dos nossos objetivos é a autossabotagem. Estamos falando de agir contra si mesma, atrapalhar as próprias tarefas.

Uma das formas de vencer essa barreira é identificar comportamentos negativos que a afastam do seu objetivo. Quanto mais você identificá-los, mais fácil será procurar maneiras para agir de modo diferente.

Assim, liste todas as desculpas que você dá para não fazer o seu plano de vida acontecer. Seja verdadeira consigo mesma!

_____
_____
_____
_____
_____
_____
_____
_____
_____

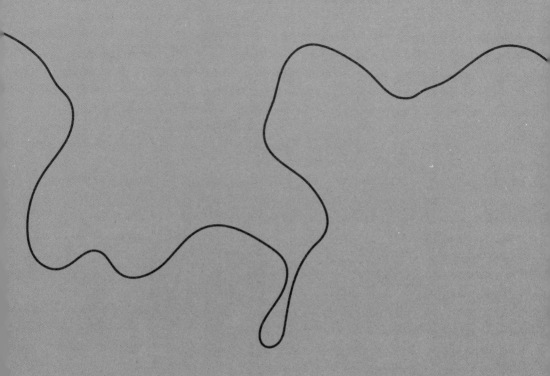

O importante é que você descubra o que faz você feliz. Sempre do seu jeito, sendo quem é, livre das amarras que um dia a aprisionaram.

CAPÍTULO 9:

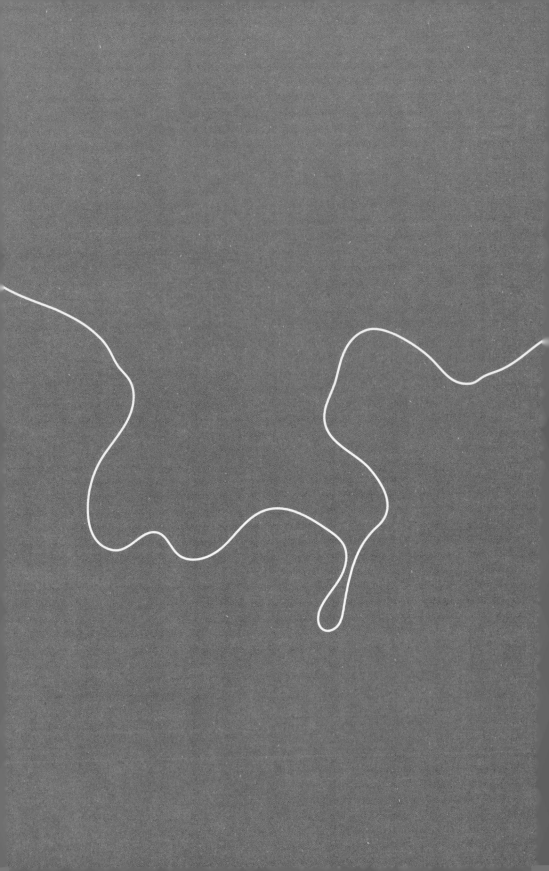

O mundo precisa da sua essência. Aquilo que você tem a oferecer, ninguém mais tem. Tenho certeza de que agora, em algum lugar, existe alguém que precisa que você transborde os seus talentos. Agindo assim, você poderá ajudar essa pessoa e muitas outras, influenciando várias vidas.

Para quem é protagonista da própria história, vencer as batalhas diárias é uma certeza. Mesmo que isso signifique deixar três tarefas da sua lista de hoje para amanhã. Se você conseguir fazer isso sem culpa, com inteligência e leveza, será uma vitória e tanto.

Sendo a atriz principal do filme da sua história, você deve, em primeiro lugar, respeitar as suas verdades e os seus sentimentos,[51] agir de acordo com os seus princípios, com quem você é. É assumir 100% da responsabilidade

---

51 BANZATO, M. A. F. Você é protagonista da sua vida? **Sociedade Latino Americana de Coaching**, 8 dez. 2015. Disponível em: https://www.slacoaching.com.br/voc-protagonista-da-sua-vida/. Acesso em: 11 fev. 2021.

A coragem de se apaixonar por você

por tudo o que acontece na sua vida, fazendo escolhas a cada dia. Tudo está sempre em movimento e nós temos a chance de virar o jogo quando bem quisermos. Isso pede determinação, foco, verdade e autenticidade.

As bases para mudar, para assumir o seu lugar no alto do pódio, você já tem. Percorremos juntas essa jornada de reflexão, autoconhecimento e motivação para seguir de um jeito novo a partir de agora. Seja a cada dia a sua melhor versão: abra-se para a felicidade, tenha uma visão otimista do seu futuro e da sua trajetória, confie em si mesma.

SEU PASSADO NÃO DEFINE SEU FUTURO

Saiba que o seu passado não define o seu futuro. Orgulhe-se das suas cicatrizes, aprecie a beleza delas, pois retratam a sua história, representam a construção do seu legado. Não são as suas memórias que vão construir o futuro, mas a sua intenção.

Vejo muitas mulheres com vergonha de assumir os próprios erros, além das decisões que se mostraram equivocadas. Vamos baixar essas barreiras, de uma vez por todas? E seguir adiante levando junto os aprendizados, as lições que ficaram de cada acidente de percurso? Qual o problema em admitir que não fez as melhores escolhas em 100% das situações? Sinceramente, você conhece alguém assim, que tenha acertado sempre? Será que isso existe?

Deixe a sua marca no mundo

Pare e pense um pouco. E, agora falando mais diretamente às mães, recomendo que considerem reconhecer não só os seus equívocos, mas também todos os sentimentos que têm. Para si mesma e para seus filhos. E sabe por quê? Porque agir assim é dar permissão aos pequenos para errarem também. Errar, chorar, ter medo, ficar em dúvida, expressar qualquer emoção que seja.

Em *Inteligência emocional e a arte de educar nossos filhos*,[52] o psicólogo estadunidense John Gottman destaca o fato de que os melhores pais são justamente aqueles atentos às próprias emoções e aptos a lidar com elas.

Segundo ele, muitas vezes com a melhor das intenções, tentamos abafar, disfarçar sentimentos negativos com medo de assustar os nossos amores. É a pior coisa a ser feita. Isso porque as crianças são sensíveis o suficiente para captar tudo. Muito melhor conversar abertamente, explicar que somos todos humanos, que a gente passa pelas dificuldades, aprende a lidar com elas e, no fim, fica tudo bem.

Assim, se você quer que a sua menina ou o seu menino tenham a capacidade de olhar para si mesmos com leveza e consciência, comece dando o exemplo a ela ou a ele. Não tenha qualquer bloqueio na hora de dizer que errou. Se o erro for com eles, aliás, peça desculpas e siga em frente. Converse, estimule o diálogo na família, reforce a máxima do "é conversando que a gente se entende". Vai ser libertador para todos.

---

52 GOTTMAN, J.; DECLAIRE, J. **Inteligência emocional e a arte de educar nossos filhos**. Rio de Janeiro: Objetiva, 1997.

A coragem de se apaixonar por você

EMPODERE-SE!

Tome posse do seu direito de ser feliz. Simplesmente porque esse direito já foi concedido a você desde o dia em que nasceu. Não deixe que circunstâncias, fatos ou pessoas que cruzaram o seu caminho de modo negativo reprimam esse direito. O peso da raiva, da frustração e da crítica sem embasamento e sem vontade genuína de ajudar o outro a evoluir não é seu. É de quem não sabe se colocar com gentileza, com empatia, de quem não considera o outro. Lembre-se das minhas palavras daqui em diante: esse peso não é seu.

Escolha todas as manhãs a vida que realmente deseja ter, quem verdadeiramente quer ser. E empodere-se das suas decisões.

Saiba que até a ONU já afirmou ao mundo a importância do empoderamento feminino. De acordo com a Organização das Nações Unidas, "empoderar mulheres e promover a equidade de gênero em todas as atividades sociais e da economia são garantias para o efetivo fortalecimento das economias, o impulsionamento dos negócios, a melhoria da qualidade de vida de mulheres, homens e crianças, e para o desenvolvimento sustentável".[53]

Em muitos lugares do mundo, as mulheres são o verdadeiro coração de suas comunidades.[54] Ações de políticas públicas voltadas

---

53 PRINCÍPIOS de empoderamento das mulheres. **ONU Mulheres Brasil**. Disponível em: http://www.onumulheres.org.br/referencias/principios-de-empoderamento-das-mulheres/. Acesso em: 11 fev. 2021.

54 A IMPORTÂNCIA do empoderamento das mulheres. **IBC**, 9 abr. 2020. Disponível em: https://www.ibccoaching.com.br/portal/comportamento/importancia-do-empoderamento-mulheres/. Acesso em: 11 fev. 2021.

Escolha todas as manhãs a vida que realmente deseja ter, quem verdadeiramente quer ser. E empodere-se das suas decisões.

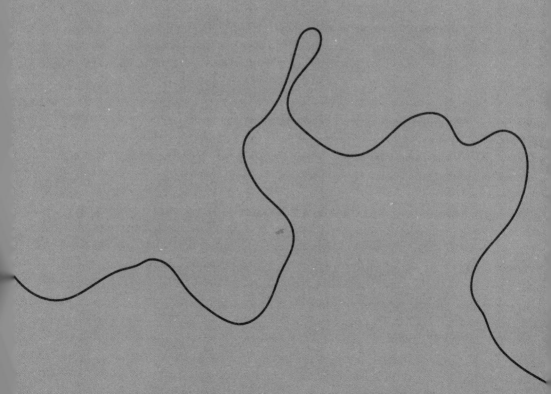

A coragem de se apaixonar por você

para as mulheres fazem o retorno para as famílias ser maior do que seria se o foco estivesse nos homens. Todos saem ganhando. Ainda segundo a ONU Mulheres, quanto mais trabalhadoras entrarem para o mercado e atuarem sem diferenciação com os homens, mais as economias vão crescer.

Pense nisso, reflita sobre a importância de se fortalecer. É você ajudando a melhorar o mundo, a transformar vidas, a partir da sua ação, do seu trabalho, seja ele qual for. Você pode ser terapeuta, professora, presidenta de empresa, pintora/fazedora de sonhos, como o pintor que deixou lindo o meu primeiro apartamento. Não vai ser incrível se você pintar o imóvel de outra mulher sabendo que habitar uma casa bonita vai fazer muito bem para ela? É disso que estou falando aqui: reconheça o seu poder, olhe para ele com carinho, saiba usá-lo.

Seja melhor para si mesma, seja melhor para o mundo. Ninguém vai segurar você quando tiver consciência disso.

VOCÊ É SIMPLESMENTE FODÁSTICA!

Compreende agora como você é fodástica? Eu realmente não encontro uma palavra melhor para traduzir a capacidade de ação, a força de mulheres como você. Vejo essa intensidade, essa capacidade, em mim mesma, nas mulheres da minha família, nas minhas amigas,

Deixe a sua marca no mundo

clientes, em tantas mães e trabalhadoras maravilhosas que cruzam o meu caminho.

Se você está agora com este livro nas mãos, quase no fim da leitura, é porque tem o mesmo software, digamos assim. Porque quer viver de um jeito diferente do que vive hoje. Estamos no mesmo barco.

Sejamos livres nas nossas escolhas. Eu realmente espero que você se divirta na sua jornada. E que não se esforce para atender às expectativas das outras pessoas: ocupe-se em agradar a si mesma, todos os dias.

181

BOCHECHAS ROSADAS

Uma última história para contar antes que este capítulo chegue ao fim. Se alguém me dissesse, anos atrás, que hoje eu estaria aqui escrevendo este livro para você, eu jamais acreditaria.

Aos 13 anos, era tão tímida que me lembro até do calor que sentia e de como as minhas bochechas ficavam rosadas ao tentar conversar com alguém. Quando comecei a minha carreira, não pensava ser possível trabalhar com aquilo que amava, me sentir realizada e ainda poder contribuir para a transformação de muitas outras mulheres. Mas é exatamente isso o que estou fazendo.

Todos os dias, me dedico àquilo que mais amo. Seja escrevendo conteúdos para as redes sociais, trabalhando no mundo corporativo

A coragem de se apaixonar por você

ou atendendo como *coach*, quero levar a todas as mulheres a consciência de que o impossível é possível. E que o melhor jeito de acreditar é ver alguém fazendo o que parecia inacessível bem ali na sua frente. Eu sou esse alguém hoje e amanhã tenho certeza de que pode ser você também.

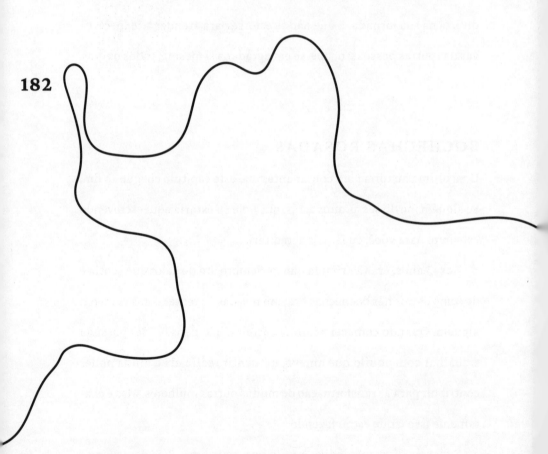

MÃOS À OBRA

Para fechar, deixo você na companhia de um dos meus vídeos prediletos, que ensina como ser uma líder D.I.V.A. Basta usar o QR Code abaixo ou acessar https://youtu.be/brhwI4vojGg.

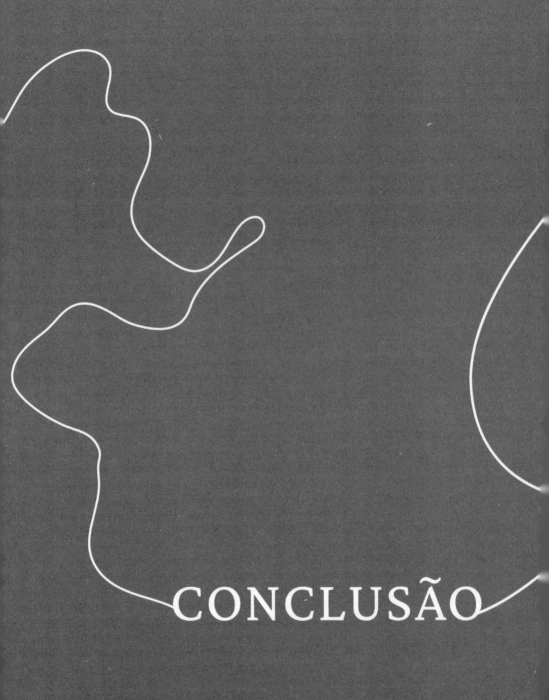

CONCLUSÃO

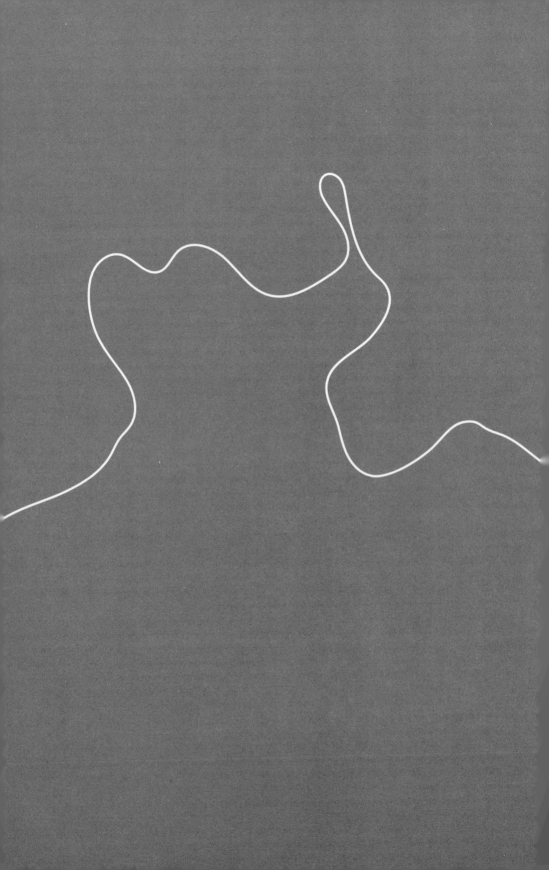

SIGAMOS JUNTAS

Não sei você, mas eu já estou com saudades. Chegamos ao fim da nossa jornada juntas, depois de tantas reflexões e aprendizados. Estava boa a conversa, não é? Por isso essa minha sensação de quero mais. Espero que a gente continue a dialogar depois que você concluir a leitura deste livro. Assim como eu consegui descomplicar a minha rotina e me libertar dos pesos da perfeição, desejo que você viva com mais leveza também. Para mim, o importante é que você leve para a sua vida nem que seja um pouquinho de tudo o que foi apresentado aqui.

Agora você sabe qual é a função do autoconhecimento, como é necessário olhar para isso se você quiser se transformar de verdade. Se você pretende identificar seus pontos fortes e valorizá-los, precisa saber primeiro quais são eles, o que a diferencia da multidão. Leia e releia sempre aquela entrevista que se fez. Faça mais diálogos internos se quiser, com

A coragem de se apaixonar por você

mais perguntas, mergulhando cada vez mais no universo que existe em você. Tenho certeza de que vai gostar desse experimento. E de que essa prática será uma grande aliada no seu processo de evolução pessoal.

Tem coisa mais bonita do que saber qual é a sua essência, aquilo que é mais forte e mais bonito em você? É para se jogar nesse processo, aproveitando cada minuto dessa viagem sem volta.

Somente assim, entendendo quem você é, haverá bases para seguir em frente com planejamento, buscando suavizar a rotina e viver com mais prazer. Organize-se, use o Planner da Mulher Fodástica, simplifique tudo o que puder simplificar.

Para ajudar nessa etapa, lembre-se sempre dos nossos três Rs: ritual, ritmo e rotina. E vá com tudo acolhendo as suas emoções e aprendendo, dia a dia, a lidar melhor com elas.

Deu vontade de chorar? Chore. Até mesmo sentada no chão, completamente arrasada, se estiver muito mal. Uma hora as lágrimas vão parar de sair dos olhos e você vai se sentir mais calma. Quem sabe até não vai dar vontade de ouvir um forró? Ou um samba para animar?

Só não se esqueça de, independentemente do cenário que se apresente, ser grata por tudo. Isso mesmo, agradeça até pelas dificuldades. Tudo o que acontece com a gente tem uma razão de ser; eu realmente acredito nisso. Todos os meus tombos vieram para me transformar em uma pessoa melhor, isso para mim é muito claro.

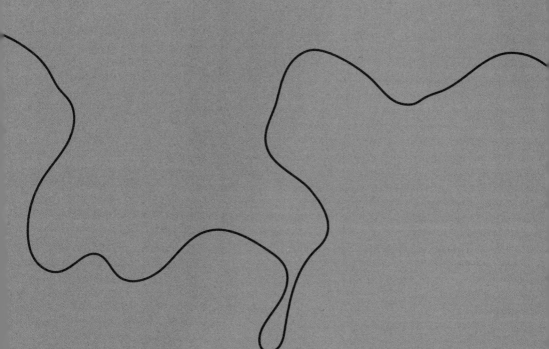

Somente assim, entendendo quem você é, haverá bases para seguir em frente com planejamento, buscando suavizar a rotina e viver com mais prazer.

A coragem de se apaixonar por você

Não deixe de se valorizar, de reconhecer toda a força que existe em você, tudo o que a faz ser única e, por isso mesmo, tão especial.

Agora, ouça a minha voz dizendo: descomplica, se liga, realiza! Vai ficar tudo bem. Seja feliz, sempre mais!

UM PEDIDO ESPECIAL

Se você gostou do que leu, se inspirou e se motivou, por favor, espalhe para o mundo essa ideia, compartilhe com quem quiser os conteúdos aqui apresentados.

Além disso, pode mandar a sua opinião para o e-mail **atendimento@ giselemiranda.com**, para que eu possa colocá-la no meu site. Você pode incluir seu Instagram ou site se quiser – vou adorar ter uma foto sua com o seu depoimento.

Melhor ainda: se você estiver muitíssimo empolgada, faça um vídeo curtinho falando sobre como as nossas reflexões foram úteis para você a fim de inspirar outras mulheres a mudar de vida também.

Se você usa o Instagram ou o LinkedIn, poste as suas frases preferidas do livro ou mesmo uma foto dos seus momentos de leitura com a *hashtag* **#descomplica**. Só não se esqueça de me marcar: **@giselemirandapro**.

Sigamos juntas! Obrigada pela companhia e um beijo.

GISELE

*Não deixe de se valorizar,
de reconhecer toda a força
que existe em você, tudo
o que a faz ser única e,
por isso mesmo, tão especial.*

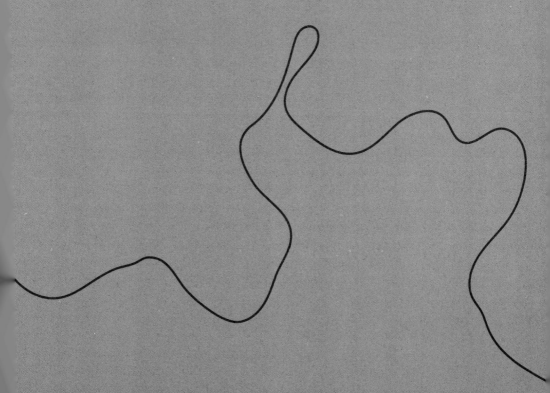

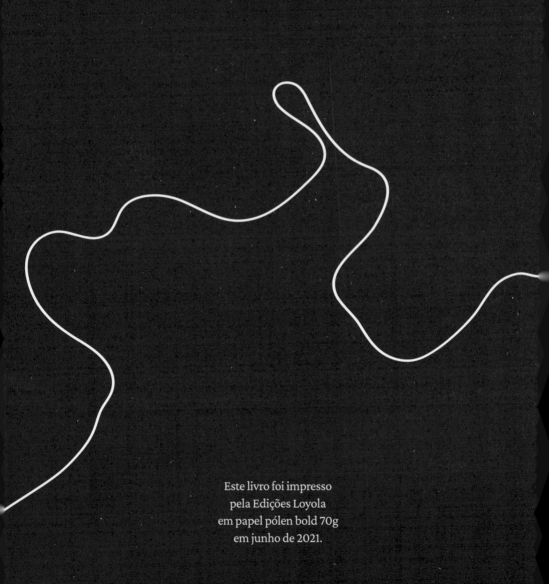

Este livro foi impresso
pela Edições Loyola
em papel pólen bold 70g
em junho de 2021.